메이커 가족과 함께하는
세상을 바꾸는 코딩

지은이 강태욱, 강선우, 강연수, 박성원
펴낸이 최정심
펴낸곳 (주)GCC

초판 1쇄 발행 2019년 6월 20일
초판 2쇄 발행 2019년 6월 24일

출판신고 제 406-2018-000082호
주소 10880 경기도 파주시 지목로 5
전화 (031) 8071-5700 팩스 (031) 8071-5200

ISBN 979-11-89432-06-5 03000

이 도서의 국립중앙도서관 출판예정도서목록(CIP)은
서지정보유통지원시스템 홈페이지(http://seoji.nl.go.kr)와
국가자료공동목록시스템(http://www.nl.go.kr/kolisnet)에서 이용하실 수 있습니다.
(CIP제어번호 : CIP2019021812)

www.nexusbook.com

메이커 가족과
함께하는

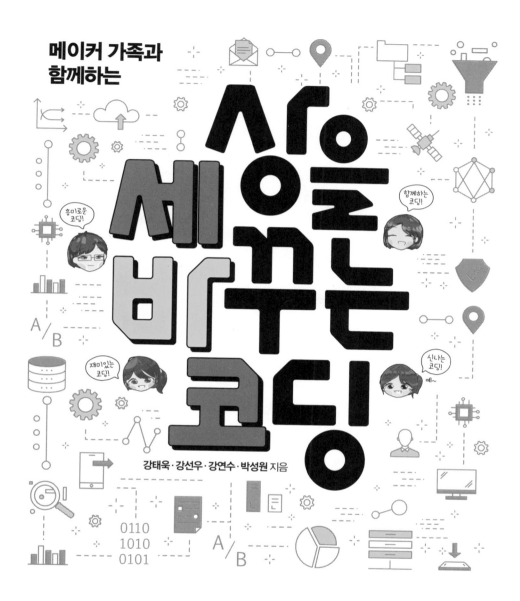

상상을
세우는
바꾸는
코딩

흥미로운
코딩!

함께하는
코딩!

재미있는
코딩!

신나는
코딩!
예~

강태욱·강선우·강연수·박성원 지음

0110
1010
0101

A / B

넥서스

요즘 코딩 교육, 스마트교육, 메이크 교육, PBL(Project-Based Learning: 프로젝트 기반 교육), 자유학기제, STEM(Science, Technology, Engineering and Mathematics) 교육 등 다양한 교육 정책이 쏟아지고 있습니다.

이런 변화는 선진국 창의 교육 문화와 제도에 영향을 받은 바가 큽니다. 특히, 북유럽은 학생들 자신의 적성을 고려한 PBL, 메이크 교육, STEM 교육을 통해 학생의 재능과 적성을 미리 발견하는 데 큰 도움을 주고 있습니다. 이러한 교육적 접근은 불필요한 과잉경쟁으로 인해 발생하는 막대한 비용을 줄이고, 경쟁력 있는 국가로 태어날 수 있게 하는 핵심 요소입니다.

현재 전통적인 제조산업인 자동차, 조선, 건설, 반도체를 수출하는 우리나라 입장에서는 자산가치가 이들의 총합보다도 수백, 수천 배 이상 커지고 있는 구글, 페이스북, 마이크로소프트, 테슬라, 아마존, 알리바바와 같은 소프트웨어를 기반으로 하고 있는 세계적인 기업체의 노하우와 문화를 알고 배우는 것이 절실한 상황입니다. 이러한 선진 기업의 CEO도 늘 상상하고, 스스로 직접 무언가를 만들기를 좋아하는

스티브 잡스와 워즈니악
(Tony Avelar, Bloomberg, Getty Images)

일론 머스크
(Andreas Petersen, 2016, Elon Musk
believes in the matrix, Capital Berg)

메이커였습니다.

이 책은 어린이, 청소년들이 상상한 꿈을 현실에서 만들고 사람들에게 전시함으로써 자신감을 얻는 프로젝트식 문제 중심 코딩 교육을 지향하고 있습니다. 이런 접근은 어릴 때부터 우리 아이들의 재능을 세상에 보여주고 세계 속으로 나아가도록 하는 동기를 부여합니다.

이 책은 무언가를 상상하게 하고 스스로 문제를 해결하게 하고 성취하는 과정을 돕습니다. 입시 경쟁에만 매몰되어 주눅이 든, 우리 아이들의 꿈과 끼를 자유롭게 찾아가는 방법이 무엇일까를 늘 고민하던 중에 메이크 문화, 오픈 소스 문화, 코딩 교육이 그 탈출구가 될 수 있겠다는 생각에서 저희 가족들이 직접 시행 착오한 내용을 가감 없이 담았음을 밝힙니다.

이 책의 저자 중 강태욱은 코딩의 알고리즘 및 컴퓨터 분야에서의 역사 및 개요와 함께 공학적 전문 내용을 작성하였고, 강선우는 본인이 직접 작업한 작품의 아이디어와 개발 방법, 특히 오랫동안 피지컬 컴퓨팅과 코딩 작업을 하면서 본인이 느끼고 경험한 것을 정리하고 그에 맞는 삽화를 그렸습니다. 강연수는 메이커 운동에 참여하면서 스스로 작업했던 코딩 경험을 정리, 코딩이 세상에 영향을 미친 사례를 조사하여 정리하였습니다. 박성원은 전체적인 목차와 틀을 만들고, 초안 설문 및 주요 내용 개선, 기사의 정선 및 스토리텔링 부분을 보완하였습니다. 특히 박성원은 교육자로서 국내 환경 및 수준에 맞는 교육과 관련하여 많은 조언을 주었고, 직접 콘텐츠를 교정하였습니다.

이 책에 있는 이야기들은 독자들의 이해를 돕기 위해 메이커 운동을 통해서 실제 작품을 코딩하고 개발할 때 나눈 대화와 사례로 구성되어 있음을 밝히며, 이 책이 세상에 나올 수 있도록 함께 도움을 주신 모든 분께 감사를 드립니다.

세상을 바꾸는 메이커 가족
강태욱, 강선우, 강연수, 박성원

이 책을 추천합니다!

허명회 (현)경기도융합과학교육원 원장 (전)경기도광명교육지원청 장학관

이 책은 4차 산업혁명 시대를 대비하는 미래 세대를 위한 코딩 교육 이야기를 담고 있습니다. 코딩 교육으로 시작되는 인공지능, 로봇, 모바일, 스마트시티, 블록체인과 같은 4차 산업혁명의 핵심기술들로 인해 세상이 어떻게 달라지고 있는지를 사례를 통해 잘 보여주고 있습니다. 아울러, 시민이 주도하는 메이커 교육도 함께 다루고 있습니다. 미래 사회는 지금까지와는 다른 산업 경쟁이 진행될 것입니다. 이런 관점에서 이 책에서 다루고 있는 코딩, 메이커 교육과 같은 혁신 교육은 영재 교육과 융합과학 교육 방면에서도 중요하게 다루고 있는 주제입니다. 이 책이 보여주고 있는 좋은 교육 도구와 방법은 가정에서 부모와 아이가 함께 융합과학 교육을 체험하기에 좋은 길잡이가 될 것입니다.

유만선 국립과천과학관 연구관

지렛대나 바퀴와 같은 도구는 인간의 능력을 확장해 주는 물건입니다. 소프트웨어도 하나의 도구로써 현대 사회에 흘러넘치는 '데이터'라는 재료를 가공하여 쓸모 있게 만들어 줍니다. 이 책은 소프트웨어라는 도구를 창조해 내는 '코딩'이라는 작업을 이해하기 쉽게 설명하고 있습니다. 아울러, 아이들도 직접 쉽게 해볼 수 있도록 무료로 사용할 수 있는 코딩 도구와 방법을 안내하고 있습니다. '공학적 만들기 활동'을 좋아해 오랫동안 많은 작업을 통해 시행착오와 성과를 축적해온 강선우, 강연수 양 가족이 함께 만든 책이라 더 믿음이 갑니다. 향후 미래 세대에 코딩은 공기처럼 당연하게 다가올 것입니다. 이 책을 통해 세상에서 코딩이 어떻게 활용되는지, 그리고 코딩을 통해 아이들의 잠재력을 어떻게 끌어낼 수 있을 것인지 확인하는 시간이 되기를 바랍니다.

홍영일 서울대학교 행복연구센터 박사

미래 인재를 길러내야 하는 교육계의 최근 화두는 코딩 교육과 메이커 교육입니다. 이 책은 코딩 교육과 메이커 교육을 접하는 학생들과 학부모, 교사들에게 가장 친절한 안내서이자 교과서가 될 것입니다. 이 책은 4차 산업 핵심기술로 인해 세상이 어떻게 달라지고 있는지, 사례를 통해 잘 보여주고 있습니다. 눈부시게 발전하는 기술만큼 중요한 것은 테크놀로지 진화의 본질을 이해함으로써 삶의 주도권을 기술이 아닌 우리 인간에게 되찾아오는 주체성의 회복에 있습니다. 시민이 주도

하는 메이커 교육 운동은 우리 아이들을 미래 기술혁명의 주인공으로 성장하게 할 것입니다. 이제까지 우리는 3차 산업혁명으로 대변되는 산업화에서 좋은 성과를 얻었습니다. 하지만 앞으로는 지금과는 다른 산업 경쟁이 진행될 것입니다. 이 책은 코딩, 메이커와 같은 혁신 교육이 사회에 어떤 영향을 주고 있으며 얼마나 중요한 것인지를 알려줍니다. 당장이라도 코딩 교육과 메이커 교육에 동참하고 싶다면, 이 책에서 소개하는 좋은 교육 도구와 방법들은 좋은 가이드가 되어줄 것입니다.

우용만 SBS 영재발굴단 PD

촬영하면서 여러 가지로 놀랐던 적이 한두 번이 아니었습니다. 어린 나이에 어른들이 사용하는 소프트웨어와 하드웨어 도구를 함께 다루며 작품들을 만드는 아이를 본 적이 없었기 때문입니다. 이 가족들과 함께 지내면서 이 아이들이 커온 환경이 자연스럽게 이런 재능을 꽃피게 한 것 같다는 생각이 들었었습니다. 아직도 꾸준히 자기들만의 작품 활동을 하는 아이들을 보았을 때 참 기특합니다. 이 책은 선우, 연수 가족이 어떻게 코딩을 생각하고 교육하는지를 잘 보여줍니다. 이 책을 읽어보면, 큰 비용을 들이지 않고 무료 코딩 도구로도 충분히 재능을 꽃피우는 교육이 가능하다는 것을 알 수 있을 것입니다. 앞으로도 자신의 재능을 발굴하여 미래의 세상을 개척하는 아이들이 많이 나왔으면 좋겠습니다.

Table of Contents

Prologue
추천사 이 책을 추천합니다!

세상을
바꾸는
코 딩

모든 곳에 존재하는 코딩

코딩은 마치 공기처럼 우리가 사는 여기저기에 존재한다. 과연 그럴까? 의심이 든다면, 우리가 눈뜨고 잠자리에 들 때까지 코딩이 어디에 존재하고 있었는지 생각해 보자.

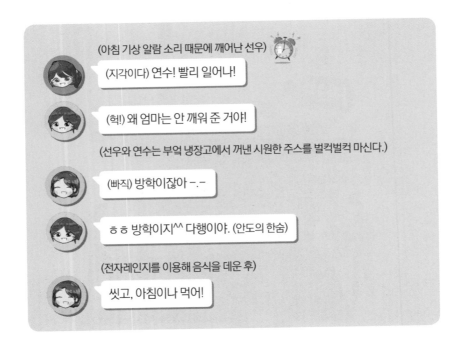

네~^^

오늘 날씨 너무 춥네! 자동차 예열해야겠다.

(리모컨으로 원격 시동을 건다)

엄마는 아침 준비를 끝내고 자동차로 학교로 출근하고, 아빠는 스마트폰 일정을 확인해 오늘 하루를 준비한다. 회사에 도착한 아빠는 문서 작성 프로그램을 이용해 보고서를 작성한다. 학교에 도착한 엄마는 안전을 위해 학교에 설치된 지능형 방범 카메라가 학교 선생님임을 알려준다.

하루가 지나고 저녁이 되었다. 어두컴컴한 거리에 가로등 불이 켜지기 시작한다.

(현관문이 열리고 불이 켜지며)

얘들아, 엄마 왔다~ 알렉사, 좋은 음악 틀어 줘.

음악이 흘러나온다. 요즘 스마트홈은 각자 원하는 환경에 맞게 조명, 음악, 난방이 자동화되어 있다.

(스마트폰으로 유튜브를 보고 있다가…)

오늘 늦었네? 일이 많았어?

(속마음의 소리 – 시간 나면 미리 설거지라도 해 놓지… ㅠㅠ)

집에 오니 좋아~

선우를 깨워준 전자시계, 엄마가 사용하는 전자레인지와 냉장고, 아빠가 운전하는 자동차, 회사에서 사용하는 컴퓨터, 서로 연락하거나 쉴 때마다 애용하는 스마트폰 모두, 그 안에는 코딩된 소프트웨어가 실행되고 있다. 그 소프트웨어는 마치 하인처럼 우리의 시중을 들고 있지만, 실제 눈앞에는 보이지 않는다. 마치 우리가 숨을 쉬며 마시는 공기와 물처럼 코딩된 소프트웨어는 자연스럽게 스며들어 있다.

소프트웨어는 컴퓨터의 기능을 수행하는 명령어와 명령이 실행되는 순서를 결정하는 문장이 입력된 소스 코드(source code)가 포함되어 있다. 이 소스 코드를 작성하는 행위를 코딩(coding)이라 한다.

코딩하는 해커

요즘 영화에서 코딩하는 해커나 프로그래머 모습을 많이 볼 수 있어 코딩이 어떤 이미지로 표현되는지는 어렴풋이 알고 있을 것이다.

영화 속에서 코딩은 가끔 극단적인 모습으로 보이기도 한다. 어두운 방에서 시스템을 해킹해 범죄를 저지르는 모습이나 디지털 가상 세계에서 슈퍼맨처럼 활약하는 천재는 영화 속에서 볼 수 있는 코딩하는 과정의 모습으로 볼 수 있다.

코딩의 실체가 무엇인지 좀 더 명확히 이해하려면 코딩을 직접 해보는 것이 제일 좋다. 코딩은 영어를 사용하는 나라에서 최초 발명되었기 때문에 처음 소스 코드를 본 사람은 마치 영어 소설 문장을 보는 듯한 느낌을 받는다.

서로 대화하기 위해 다양한 언어가 있듯이 컴퓨터와 대화하는 언어도 다양하게 있다. 처음 소스 코드를 보았을 때는 외계어같이 보일 것이다. 하지만 기본적으로 사용하는 코딩 문법은 우리가 사용하는 자연어와 같이 비슷하다.

외국어가 주어, 동사, 목적어로 이루어져 있는 것과 같이 컴퓨터 언어도 표현만 다를 뿐 문법은 비슷하다. 그래서 하나만 잘 익혀 놓으면 다른 컴퓨터 언어를 사용하는 것은 그리 어렵지 않다.

어린이도 코딩하기 쉽게 그림으로 된 블록형 코딩 언어도 점점 많아져 코딩을 배우는 것은 그리 어렵지 않다. 예를 들어, MIT대학에서 개발한 스크래치(Scratch)는 레고 블록처럼 생긴 명령 조각을 맞춰 소프트웨어를 개발할 수 있다.

코딩 작업을 전문적으로 하는 사람을 개발자(developer)라 하고 코딩을 프로그래밍(programming)이라 말하기도 한다. 컴퓨터는 영국에서 최초로 개발되었다. 처음 개발된 컴퓨터 언어는 대개 영어와 비슷하게 되어 있다.

컴퓨터는 아무리 일을 많이 시켜도 불평하거나 힘들어하지 않는다. 그리고 빛의 속도만큼 빠르게 복잡한 계산을 쉽게 할 수 있다. 오직 전기만 있으면 동작한다. 계산이나 일하기 힘든 작업 순서를 알고리즘으로 잘 코딩해서 소프트웨어를 만들어 놓으면 세상은 매우 편해질 것이다.

코딩 작업

(www.softwarehamilton.com, 2013, Ladies Learning Code comes to Hamilton)

무료 코딩 도구

코딩소개

집에서 쉽게 하는 무료 코딩 "CODE.ORG"

CODE.ORG는 웹사이트에 접속해서 무료로 코딩을 배울 수 있는 비영리 단체이다. 다양한 방식의 교구, 튜토리얼 동영상, 교재가 무료로 공유되어 있다.

CODE.ORG는 오픈 소스(내부 동작 방식이 모두 공개된 소프트웨어나 하드웨어로 대개 무료로 사용 가능함) 기반이며, 인터넷에서 무료로 코딩을 할 수 있는 거의 모든 교구를 망라하고 있다.

CODE.ORG (https://code.org/)

대부분의 코딩 교육은 스크래치와 같은 명령 블록을 조립하거나, 간단한 명령 텍스트를 이용해 학습할 수 있게 되어 있으며, 코딩한 코드 실행 결과를 화면에서 게임, 그래픽, 소리 등으로 바로 알 수 있게 되어 있다.

이는 비주얼 프로그래밍(Visual Programming)이란 코딩 방법으로 글자로 입력해 개발하는 방법보다 훨씬 쉬우며, 프로그래밍 개념을 익히기 좋다.

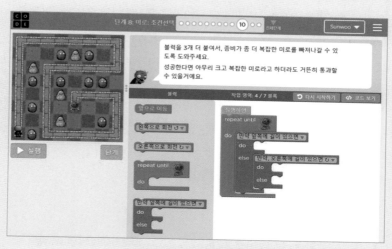

비주얼 프로그래밍 교육 도구
(CODE.ORG의 블록 코딩 방식. CODE.ORG)

CODE.ORG는 구글과 MIT대학에서 공동 개발한 블록클리(Blockly)란 코딩 언어를 사용한다. 참고로, 블록클리는 비주얼 프로그래밍 코딩 방법이 구현된 소스코드를 오픈 소스로 공개하고 있다.

이와 유사한 코딩 웹사이트로는 코딩으로 재미있는 그림을 그릴 수 있는 블록클리 게임(blockly-games.appspot.com), 영화와 함께 코딩을 배우는 Made with Code(www.madewithcode.com), 구글에서 개발한 코딩 교수인 코드짐(gym.pencilcode.net) 등이 유명하다.

물론, 모두 무료이고 사용 연령의 제한도 없다.

블록으로 쉽게 코딩을 배우는 "스크래치와 엔트리"

스크래치는 MIT에서 개발한 오픈 소스 기반 코딩 교구로, 어린이가 직접 코딩하여 게임이나 아두이노와 같은 피지컬 컴퓨팅을 만들 수 있도록 지원해 주는 소프트웨어다. 블록클리(Blockly)와 같이 오픈 소스로 개발되었기 때문에 이를 바탕으로 유사한 다양한 코딩 교구가 개발되었으며 코딩 교육에 큰 영향을 주었다.

C, 파이썬(Python), 자바스크립트(JavaScript) 같은 텍스트 기반 코딩 언어는 어린이들이 처음 바로 사용기에는 쉽지 않다. 스크래치는 레고블록으로 장난감을 만들듯이 코딩을할 수 있도록 만든 코딩 도구이다. 동작, 형태, 데이터, 함수, 연산, 관찰 등으로 보기 편리하게 정리되어 있어 다른 코딩 도구보다 쉽고 재미있게 코딩할 수 있다.

스크래치는 스크래치 인터넷 사이트에서 프로그램을 다운로드받아 설치하거나 다음 그림과 같은 스크래치 웹사이트에 가입해서 사용할 수 있다.

스크래치 웹사이트(scratch.mit.edu)

스크래치는 움직이고, 소리 내고, 마우스 및 키보드 입력 사건(이벤트, event)에 반응하는 모든 것을 객체(object)라고 한다. 스크래치는 객체를 만들고 객체가 어떻게 반응할지를 대본에 코딩하는 방식으로 개발한다. 인터넷에 스크래치와 관련된 수많은 튜토리얼이 있다.

스크래치는 소프트웨어 개발에만 이용되지 않는다. 스크래치는 다양한 기능이 추가될 수 있다. 스크래치를 이용해 로봇, 드론, 인공지능, 손바닥 컴퓨터인 아두이노 등을 코딩한 다양한 사례가 공개되어 있어 활용하기 좋다.

국내에서는 스크래치와 유사하게 개발된 엔트리가 있다. 사용 방법은 거의 같다.

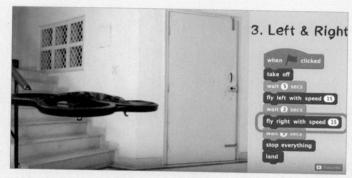

스크래치 기반 드론 제어(MIT, 2015, Drone Programming with Scratch)

엔트리(playentry.org)

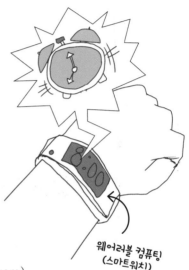

웨어러블 컴퓨팅
(스마트워치)

코딩은 소프트웨어(software)를 만들 때 필수적인 기술이다. 코딩을 할 수 있으면, 우리가 사용하는 전자레인지부터 우주를 탐사하는 우주선까지 자동으로 조정하는 소프트웨어를 만들 수 있다.

소프트웨어는 컴퓨터같이 전자 부품으로 이루어진 하드웨어(hardware)와 반대되는 말로, 컴퓨터를 제어하는 프로그램(program)이다. 프로그램은 컴퓨터 제어 명령어들로 구성된다.

컴퓨터는 손톱만큼 작은 것부터 슈퍼컴퓨터처럼 큰 것까지 다양하다. 컴퓨터가 활용되는 것은 가정집에서 사용하는 에어컨, 청소기부터 위험한 곳에서 일하는 로봇까지 적용될 수 있다. 웨어러블(wearable; 착용할 수 있는) 컴퓨팅은 우리가 입는 옷에 컴퓨터를 부착하여 주변 환경에 따라 온도와 체온을 유지하게 하거나 기분에 따라 옷의 색상과 컬러를 다르게 할 수 있다.

코딩은 세상을 변화시키고 있다. 스마트폰 안에 설치된 프로그램으로 현재의 날씨를 확인하고, 옷이나 음식을 주문하며, 물건을 사고, 차와 집을 빌려 공유하며, 음악을 들으며 여행을 할 수 있다. 이 프로그램을 만든 사람은 세상을 크게 변화시키고 삶과 일의 방식을 근본적으로 바꾸어 놓고 있다. 그 결과 수많은 유니콘 스타트업(기업가치 1조 원 이상인 비상장 스타트업)이 탄생하고 있고, 구글, 페이스북, 아마존, 알리바바와 같이 기업가치가 한 나라의 GDP를 능가하는 기업들이 많아지고 있다. 그 반대로 단순 반복적인 일만 하던 직업들은 사라지고 있다. 인공지능의 발달로 통역사, 신문 기자, 회계사, 변호사, 의사와 같은 전문가들도 큰 위협을 받고 있다. 세계경제포럼은 향후 700만 개 이상의 일자리가 사라지리라 전망했다.

수천 명이 일하는 대기업이 만든 제품보다 몇 사람이 모여 개발한 소프트웨어로 수조 원을 번 경우도 빈번해지고 있다. 일례로, 마인크래프트는 마르쿠스 페르손이 개발한 게임이다. 이 게임은 마이크로소프트에 2조5000억 원에 팔렸다. 인디게임인 언더테일은 2017년도에만 250만 장이나 팔렸다. 마크 저커버그가 코딩한 페이스북은 2017년 자산가치 497조를 넘었다. 2009년 창업자 몇 명이 모여 개발한 차량 공유 서비스 우버(Uber)는 2018년 자산가치가 134조 이상이다. 코딩은 세상을 크게 변화시킬 수 있는 가장 좋은 도구이며, 다른 기술에 비해 시간을 투자한 결과가 확실히 좋다.

노숙자가 만든 앱

레오 그랜드(Leo Grand)라는 노숙자 남성은 2011년 직장을 잃은 후 노숙생활을 계속해 왔다. 그러던 어느 날, 특별한 나눔을 베풀고 싶은 사람이 있었다. 그는 노숙자였던 레오 그랜드에 다가와 제안을 했다. 100달러를 즉시 주거나 코딩을 배우게 도와주겠다고 말했다. 그는 만일 코딩 책을 선택하면 저렴한 노트북을 함께 주고 매일 1시간씩 프로그래밍을 알려주겠다고 제안했다.

레오 그랜드는 자바스크립트란 컴퓨터 언어를 설명한 코딩 책을 선택했는데, 그것은 그의 삶을 바꿨다. 레오 그랜드는 매일 1시간씩 코딩 교육을 받았고 4주 만에 앱 개발을 할 수 있게 되었다. 그는 3개월 후 Trees for Cars라는 앱을 완성했다. 이 앱은 카풀 상대를 찾는 차량 공유 앱으로 그는 이 앱을 판매해 만 달러 이상을 벌었다. 그는 이런 과정을 통해 유명인사가 되었다. 그는 그때 100달러를 선택했었으면 이런 것은 꿈도 꾸지 못했을 것이라고 말했다.

실직자에서 개발자가 된
레오 그랜드

2017년 애플이 업무 자동화를 지원하는 워크플로우(Workflow)란 앱 개발사를 인수했다. 아이폰 운영체계인 iOS 기기에서 동작하는 이 앱은, 탭 한 번으로 여러 앱을 연결해 일련의 작업을 순차적으로 자동 실행할 수 있게 해준다. 이 앱은 데스크커넥트(DeskConnect)란 스타트업 설립자인 대학생들이 만들었다.

아이폰과 아이패드, 애플 워치용으로 개발된 워크플로우는 2015년 애플이 매년 개최하는 애플 세계 개발자 회의(Apple Worldwide Developers Conference)에서 애플 디자인상을 받은 제품이다.

이 앱은 기존에 있는 앱들을 단순히 연결만 함으로써 새로운 서비스를 손쉽게 만들 수 있다. 이 앱은 업무를 자동화하고 싶은 분야뿐만 아니라, 사물인터넷, 스마트홈과 같이 시장이 급속히 커지고 있는 분야에 딱 들어

워크플로우 홈페이지 (workflow.is)

워크플로우 개발자
아리 웨인스테인(Ari Weinstein)과
그의 동료들

(Matthew Panzarino, 2017, Apple has acquired Workflow, a powerful automation tool for iPad and iPhone, TechCrunch)

워크플로우 앱 (workflow.is)

맞는 제품이다. 그 당시 이런 앱을 겨우 몇 명이 만들어 냈다는 것은 큰 화제가 되었다.

앱 소개 자료에 따르면 워크플로우를 이용하는 방법은 다양하다. 가령 애니메이션 GIF를 만들거나 홈 스크린에 특정인에게 통화하는 아이콘 만들기, 듣고 있는 노래를 곧바로 트윗하기, 음성 비서 시리로 스마트홈 제어하기 등의 연속된 업무를 쉽게 연결할 수 있게 해 준다.

사례 3 마인크래프트
- 마이크로소프트가 2조 5천억에 인수한 게임

세계적인 게임 마인크래프트를 만든 이는 마르쿠스 페르손(Markus Persson)이다. 그는 원래 트위터에 일상을 공유하길 좋아하는 프로그래머였다. 그는 1979년 스웨덴에서 태어났다. 게임 개발로 얻은 자산은 1조 3000억 원이 넘는다.

마인크래프트를 인수한 곳은 마이크로소프트이다. 인수 금액은 2조 5000

억 원이었다. 게임이 인수된 이유는 두꺼운 팬층과 더불어 짧은 시간에 1억 명 이상 다운로드한 가장 성공적인 게임이었기 때문이었다. 보기에는 커다란 픽셀 블록으로 구현된 허술한 게임처럼 보이지만, 그 블록 하나하나를 잘 조합해 맞추면 마인크래프트 세계의 모든 것을 만들 수 있을 만큼 자유도가 높았다. 블록을 조합하면 도구를 만들어 땅을 파고, 집을 짓고, 도시를 만들며, 날아다니는 탈 것을 만들고 모험할 수 있다. 마이크로소프트는 이것을 높게 평가했다.

코딩을 잘할 수 있다고 해서 반드시 구글이나 애플과 같은 큰 기업에서 인정받고, 큰돈을 벌 수 있다는 것만을 의미하지는 않는다. 코딩을 통해 좋은 일을 할 때도 많은 사람에게 큰 도움이 될 수 있다는 것을 기억하자. 친구들이나 주변 사람들에게 알려서 도움을 구할 수 있는 불합리한 일, 개선될 수 있는 불편함이 아직도 세상 곳곳에는 많다. 지금 우리가 사는 곳은

마인크래프트 (게임)

마르쿠스 페르손

minecraft.gamepedia.com

스마트폰과 인터넷으로 연결된 디지털 세상이다. 우리가 만들어 가는 소프트웨어는 인터넷을 타고 저 건너편 세상에도 좋은 영향력을 미칠 수 있음을 명심하자.

사례 4 소셜 네트워크와 민주화 운동

2010년 12월 17일, 아프리카 북부 튀니지에서 한 청년이 분신자살을 시도했다. 그는 대학에서 컴퓨터를 전공했던 모하메드 무아지지란 청년이었다. 튀니지에서 수준 높은 교육을 받았지만 취업을 할 수 없어 노점상을 운영하며 생계를 꾸려갔다. 정부에서 판매 허가가 없다는 이유로 물건을 모두 몰수당하자 온몸에 기름을 붓고 분신자살을 선택했다.

당시 튀니지는 56%(세계 분쟁 데이터베이스)에 이르는 청년실업이 심각한 상황이었고 23년간 독재정치자 알리 대통령의 실정, 만성적으로 높아진 물가와 정부 지도층 부정부패가 위키리크스(WikiLeaks)의 보도로 드러났다. 이 사건은 튀니지 전체를 격분시킨 '재스민 혁명'으로 번지게 되었고, 독재정권은 붕괴되었다. 이는 소셜 네트워크 서비스(SNS; Social Network

튀니지 '재스민 혁명' (전자신문, 2012, 사회 패러다임을 뒤흔든 SNS)

SNS와
민주화

세상을
변화시키는 코딩

(Mounir Samuel, 2012, The Egyptian
Revolution, Al-Jazeera, Twitter and
Facebook)

Service)의 힘이 컸다. 분신 장면이 담긴 동영상이 페이스북에 업로드되면
서 전국의 청년들이 시위를 일으켰기 때문이다.

이는 하나의 기술에 불과한 SNS 앱이 사회에 어떤 영향을 줄 수 있는지 보
여주는 좋은 사례이다.

이 책을 다 읽을 때쯤이면 우리 세상을 더 나은 곳으로 변화시킬 수 있는
제일 빠른 방법의 하나가 코딩이라는 것을 알게 될 것이다. 이런 변화는 코
딩을 배운 당신의 힘으로 이룰 수 있는 것이다.

③ 컴퓨터 속으로

컴퓨터 작동 방식

예전에는 컴퓨터가 건물 한 층만큼 컸다. 1946년에 펜실베이니아 대학에서 만들어진 에니악(ENIAC; Electronic Numerical Integrator And Computer)은 무게만 30톤이고, 높이는 2.5미터, 길이가 25미터였다. 하지만 요즘에는 누구나 컴퓨터를 하나씩 호주머니에 넣고 다닌다. 컴퓨터는 이제 생활필수품이 되었다.

에니악(ENIAC)

스마트폰
손안의 작은 컴퓨터

(컴퓨터로 회사 일을 하는 중) 아~ 쉬고 싶다. 일이 너무 많아.

(옆에서 숙제하다가 도도하게 말한다)

 나도 쉬고 싶네. 숙제 많은 학생으로서 고충이 많아요.

 (째려보며) 넌 그래도 공부만 하면 되잖아…

 (엄마 기분 안 좋은 듯) 어머님, 힘드시죠? 주물러 드릴까요? ^^

 너 엑셀(Excel) 할 줄 알지? 이거 다 입력해 놓고, 계산식 넣어 놔.

 공부하던 귀여운 자녀에게 자기 일 시키는 부모가 어디 있어요? T.T

그래도 요즘은 컴퓨터가 많은 일을 대신해 주는 시대이다. 회계사 같은 전문가들이 하던 일도 엑셀 같은 소프트웨어가 많은 일을 대신하고 있다. 그럼, 컴퓨터 내부 구조는 어떻게 되어 있을까?

컴퓨터는 기본적으로 사람이나 장치로부터 데이터를 입력받아 데이터를 처리해 정보를 만들고 출력 장치로 정보를 출력하는 구조로 되어 있다.

아무리 복잡한 컴퓨터라도 입

계산 소프트웨어 엑셀의 예
전문적인 일도 대신하는 소프트웨어

력-처리-출력 구조로 구성되어 있다. 컴퓨터는 모든 계산을 디지털 자료 형식으로 처리한다. 그리고 이 계산을 어떻게 할지, 처리 순서를 결정하는 것은 프로그램이 담당한다. 이 프로그램을 만드는 작업을 코딩이라 한다. 프로그램에 담긴 처리 순서를 해석하고 계산하는 역할은 중앙처리장치 (CPU; Central Processing Unit)가 맡고 있다. CPU는 일종의 계산기이다.

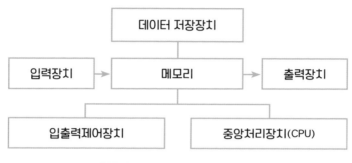

컴퓨터의 기본 구조: 입력-처리-출력

컴퓨터는 데이터를 입력받아 계산하는 것이 주 역할이다.

데이터는 숫자, 문자열, 이미지 등이 된다. 각 데이터 종류를 입력받기 위해 다양한 입력 장치가 개발되었는데 숫자나 문자열을 입력받을 수 있는 키보드, 위치를 입력받는 마우스, 이미지를 입력받는 카메라 센서 등이 그 예이다.

입력받은 데이터를 처리하기 위해서는 덧셈, 뺄셈, 곱셈, 나눗셈과 같은 사칙연산을 지원하는 중앙처리장치, 계산과정의 데이터를 임시로 보관할 수 있는 기억장치인 메모리(memory)가 필요하다.

메모리는 데이터만 저장되는 것이 아니다. 데이터를 처리하는 프로그램도 함께 저장되어 실행된다. 입력-처리-출력 장치와 같이 눈에 보이는 하드웨어에 대비되는 용어로, 우리는 프로그램을 소프트웨어라 부른다.

소프트웨어의 핵심 - 운영 체계

구성된 컴퓨터의 각 구성 요소는 매우 복잡하여 사용자가 직접 제어하기 어렵다. 그러므로 사용자가 손쉽게 각 구성 요소를 제어할 수 있는 소프트웨어가 필요하다. 이를 운영 체계(operating system)라 한다.

즉 운영 체계는 복잡한 하드웨어(hardware)로 구성된 각 구성 요소를 손쉽게 제어할 수 있는 목적으로 만들어진 것이다.

운영 체계는 다음 그림처럼, 컴퓨터 하드웨어에 제어 명령어를 전달하거나, 반대로 하드웨어에서 데이터 신호를 받는 역할을 한다.

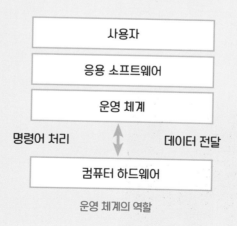

운영 체계의 역할

운영 체계는 컴퓨터 하드웨어를 제어하는 명령어를 제공하므로 이 명령어를 이용해 편리한 애플리케이션(application)을 개발할 수 있다. 이런 명령어를 이용해 애플리케이션을 작성하는 것이 코딩이다. 우리가 많이 사용하는 마이크로소프트 오피스, 아래아한글, 게임과 같은 것 안에는 코딩된 수많은 명령어가 차례대로 실행된다.

처리된 데이터는 다양한 종류의 정보로 표시될 수 있다. 숫자, 문자열, 이미지, 소리, 음악, 영상으로 생성된 정보는 모니터, 프린터, 스피커와 같은 장치로 출력된다.

이외에, 데이터를 영구히 저장할 수 있는 하드디스크(harddisk) 같은 저장 장치나 인터넷에 연결된 컴퓨터와 데이터를 주고받을 수 있는 이더넷(Ethernet), WiFi 같은 통신 장치가 있다.

사례 프로그램 내장 방식

입력받은 데이터를 이용해 값을 계산하는 프로그램은 필요에 따라 다르다. 에니악 같은 컴퓨터가 발명된 초창기에는 전선을 연결하여 프로그램을 코딩했었다. 코딩된 프로그램을 저장할 수 있는 메모리가 없었기 때문이었다. 이 때문에, 계산 방식이 바뀌면, 모든 전선을 바꿔가며 코딩해야 해서, 매우 불편하였다. 이 문제를 해결한 발명이 프로그램 내장 방식이다.

(Irina Vasilescu, Programming the ENIAC, Columbia University)

프로그램 내장 방식 이전의 코딩 방법

프로그램 내장 방식(stored-program concept)

코딩된 프로그램을 메모리에 저장해 놓고, 필요할 때 꺼내 사용할 수 있으면 매우 편리하다. 지금은 모든 컴퓨터가 이런 방식으로 프로그램을 실행하지만, 처음 컴퓨터가 발명될 때는 그렇지 않았다.

프로그램 내장 방식은 메모리에 코딩 명령어를 저장하고 필요할 때 꺼내 쓸 수 있다. 폰 노이만은 프로그램 내장 방식을 발명해 우리가 컴퓨터를 편리하게 사용할 수 있는 것이다. 폰 노이만이 없었으면, 앱스토어 같은 곳은 세상에 없었을 것이다.

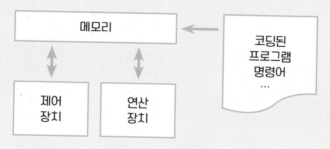

폰 노이만과 프로그램 내장 방식

최초의 컴퓨터 - 차분기관(difference engine)

세계 최초의 컴퓨터는 어떤 모습이었을까?

차분기관이란 톱니바퀴로 돌아가는 기계식 계산기로서 천공카드를 이용해 데이터를 입력받고, 로그함수와 삼각함수를 계산할 수 있었다. 영국의 찰스 배비지는 1786년 요한 헬프리히 폰 뮐러가 제안한 수학 테이블 이용 자동 계산 아이디어를

1822년 실제 발명하였다.

컴퓨터 기술 분야 선구자로 알려진 퍼 그루지야 쉐우츠는 1855년 배비지의 차분 기관을 개선해 몇 대를 더 만들었고, 그중 한 대를 영국 정부에 판매했다.

이 기계식 컴퓨터는 로그표를 인쇄하는 용도로 사용되었다. 2000년에는 런던 과학박물관에서 차분기관을 작동시켜보려는 시도가 있었다. 실제, 배비지 설계도대로 만들어진 차분기관을 정상적으로 작동하였다.

찰스 배비지의 차분기관 (위키피디아)

사례 자카르식 문직기

기계식 컴퓨터 이전에는 작업을 자동화하려는 시도가 있었다. 기계적인 자카르식 문직기는 1801년에 프랑스의 조제프 마리 자카르에 의해 발명되었다. 이 문직기는 천공 카드(punched card)를 이용해 직물의 패턴을 저장한 뒤 기계를 작동시켜 패턴을 재생산한다. 천공 카드는 기계가 정해진 동작을 할 수 있도록 특정 위치에 구멍을 만들어 놓은 종이이다.

문직기는 컴퓨터로 처리된다기보다는 완
전히 기계적으로 작동되었지만, 최초로
천공 카드를 이용한 기계였다. 문직기의
발명은 컴퓨터 프로그래밍을 향한 중요
한 기초가 된다.

천공 카드를 사용한 직조 기계

최초의 코딩 - 에이다 러브레이스

세계 최초로 코딩 한 사람으로 알려진 에이다 러브레이스는 코딩의 주요 개념을
발명하였다. 1815년 12월 10일에 태어난 에이다 러브레이스는 영국 런던 매릴번
출생이고, 수학자이며, 세계 최초의 프로그래머이다.

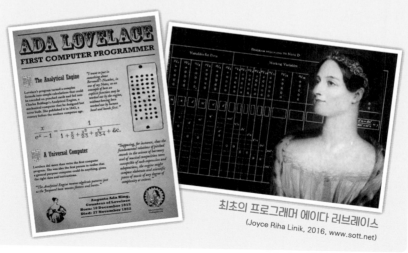

최초의 프로그래머 에이다 러브레이스
(Joyce Riha Linik, 2016, www.sott.net)

코딩하는 과정은 컴퓨터에 데이터를 입력하고 특정 정보를 얻기 위한 계산 명령들의 나열을 공책에 적어 나가는 것과 비슷하다. 공책에 적혀진 명령어들이 기계적으로 실행되려면, 명령어들의 실행 순서를 특정 시점에 변경할 수 있어야 한다.

에이다 러브레이스는 명령어를 반복 실행하는 루프(LOOP), 실행 순서를 옮기는 GOTO문, 조건에 따라 실행 여부를 결정하는 IF문의 개념을 발명하였다. 이는 코딩을 할 때 가장 중요한 개념이다.

1978년 개발된 에이다(ADA)는 에이다 러브레이스를 기리며 만든 컴퓨터 코딩 언어이다. 에이다는 우주왕복선을 개발한 미국 항공우주국(NASA), 유럽 우주국(ESA)에서 가장 많이 사용하는 코딩 언어 중 하나이다.

튜링 기계

1936년 앨런 튜링은 계산하는 기계를 수학적으로 정의한 가상의 장치를 만들었다. 이 기계는 앨런 튜링의 이름을 따서 튜링 머신(Turing machine)이라 불리게 된다.

튜링 머신은 긴 테이프에 쓰여있는 여러 가지 기호를 일정한 규칙에 따라 바꾸는 기계이다.

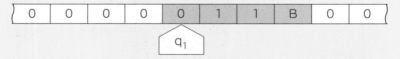

기호가 적힌 무한히 긴 테이프(Wikipedia, Turing machine)

상당히 간단해 보이지만 이 기계는 적당한 규칙과 기호가 입력된다면 컴퓨터 명령어를 특정 규칙을 코딩한 알고리즘으로 실행할 수 있음을 증명했다.

이 튜링머신의 긴 테이프는 메모리, 기호는 컴퓨터 명령어, 기호를 읽는 헤드(head)와 계산 상태를 기억하는 레지스터는 CPU와 같은 것이다.

튜링은 이 기계를 다음과 같이 설명했다.

"무한한 저장 공간은 무한한 길이의 테이프로 표현할 수 있다. 이 테이프는 하나의 기호를 인쇄할 수 있는 크기의 정사각형들로 쪼개져 있다. 언제든지 기계 속에는 하나의 기호가 들어가 있고, 이를 "읽힌 기호"라고 한다. 이 기계는 "읽힌 기호"를 바꿀 수 있는데 기계의 동작은 오직 읽힌 기호에 의해서 결정된다. 테이프는 앞뒤로 움직일 수 있어서 모든 기호는 적어도 한 번씩은 기계에 읽힌다."

튜링 기계는 테이프, 헤더, 상태 기록기, 행동표로 나뉜다. 이는 현재 사용하는 컴퓨터와 기본적으로 같은 구조이다.

2012년 앨런 튜링을 기념하기 위해 네덜란드의 국립 수학 정보과학 연구소에서 레고로 튜링 머신을 만들어 전시한 적이 있다.

LEGO 마인드스톰을 사용해 만든 튜링 머신
(www.cwi.nl)

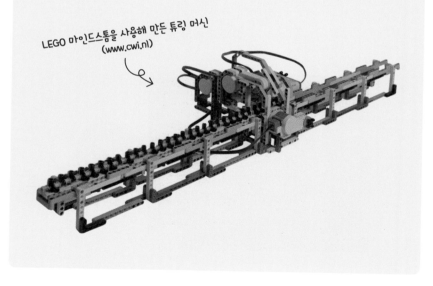

컴퓨터와 대화하는 방법
컴퓨터적 사고

컴퓨터적 사고는 컴퓨터 관점에서 생각하고 문제를 해결하는 방법이다. 컴퓨터가 사고하는 방식으로 미리 준비된 명령을 이용해 특정 문제를 풀어내는 연습을 하면 코딩할 때 큰 도움이 된다.

오늘날 컴퓨터는 폰 노이만이 발명한 프로그램 내장 방식으로 동작한다. 이 방식은 컴퓨터 구조를 데이터 입력-처리-출력으로 구분하고, 데이터를 처리하는 명령어의 나열인 프로그램을 별도 메모리에 저장하고 있다.

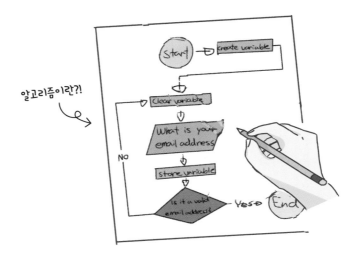

메모리를 무한한 공책이라 가정해보자. 공책에는 컴퓨터에 명령을 내리는 명령어들로 채워져 있다. 컴퓨터는 공책에 쓰인 명령어를 그대로 실행하는 역할만 한다. 명령어는 데이터 입력, 데이터 계산 처리, 데이터 출력 명령어로 구성되어 있다.

공책에 적혀진 명령어의 실행 순서를 알고리즘이라 한다. 알고리즘은 문제 해결을 위해 입력된 데이터를 처리하고 원하는 정보를 출력하기 위해 실행되어야 할 순서이다.

컴퓨터는 프로그램을 구성하는 명령어를 순서대로 실행한다. 루프(LOOP)문을 사용해 반복되는 명령어를 지정하고, IF조건문을 이용해 특정 조건에 따라 실행될 명령어를 지정한다. 이런 단순한 방식의 조합으로 복잡한 문제를 해결할 수 있다.

만약 동생을 위해 햄버거를 먹여 주는 로봇을 만든다고 생각해보자. 언뜻 문제가 쉬워 보이겠지만 로봇을 코딩해야 하는 상황이라면 절대 쉽지 않은 문제다.
사람은 햄버거를 먹을 때 본능적으로 먹지, 먹는 방법을 미리 생각해 놓고 행동하지 않

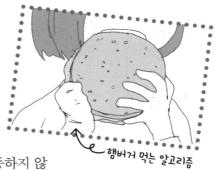

햄버거 먹는 알고리즘

는다. 로봇은 이를 알고리즘으로 미리 프로그래밍해 놓아야 한다. 햄버거 먹기를 알고리즘으로 만들려면 컴퓨터처럼 생각할 필요가 있다.
컴퓨터는 미리 훈련된 본능이라는 것이 전혀 없는 백지상태이다. 밥 먹는 행위가 무엇인지 일일이 알려줘야 한다. 우리가 인식하지는 않지만 밥 먹는 행위에는 다음과 같은 동작이 포함된다.

A. 햄버거가 놓인 위치를 알아낸다.

B. 햄버거를 잡을 수 있는 위치로 손을 이동한다.

C. 햄버거를 손으로 잡는다.

D. 햄버거를 잘 잡을 수 있도록 손의 각도와 위치를 조절한다.

E. 햄버거를 적절한 힘으로 움켜쥔다.

F. 햄버거를 입의 위치 앞까지 이동한다.

G. 햄버거를 먹을 수 있도록 입을 연다.

H. 입안으로 햄버거를 삼킬 수 있도록 햄버거를 치아로 자른다.

I. 잘린 햄버거 조각을 입으로 밀어 넣는다.

보시다시피, 우리가 자연스럽게 햄버거를 먹는 행위는 여러 개의 명령 단위로 만들어질 수 있다. 미리 학습된 우리들은 손쉽게 햄버거를 먹을 수 있지만 햄버거를 처음 보는 어린아이들은 햄버거를 제대로 먹지 못한다. 이렇게 컴퓨터적 사고는 컴퓨터가 제공하는 명령들로 문제를 해결해 나가는 사고방식이다.

사례 1 아빠 로봇 조종하기

컴퓨터적 사고를 익히는 것은 그리 어렵지 않다. 선우나 연수가 어릴 때 컴퓨터적 사고를 가르쳐 주기 위해 아빠 로봇이 된 적이 있다. 아빠 로봇은 오직 다음과 같은 명령어만 알고 있다. 즉, 로봇을 제어하는 컴퓨터가 알고 있는 명령어는 이것밖에 없다.

한 칸 이동	90도 좌회전	90도 우회전
목마 태우기	목마 내리기	

미션은 보통 아래처럼 주어졌다.

> 미션 1: 아빠 로봇을 목마 타고 놀이방으로 이동해 내리기
> 미션 2: 아빠 로봇을 목마 타고 냉장고가 있는 곳까지 가기

그리고 규칙을 만든다.

규칙: 아빠 로봇을 탄 아이는 주어진 명령어만 하나씩 순서대로 말할 수 있고, 말한 순서대로 아빠 로봇은 명령 그대로 행동해야 한다.

집에서 한번 해 보면, 아이가 잘못된 명령을 내려 좌충우돌하는 아빠 로봇을 보게 된다. 이때 아이들은 매우 즐거워할 것이다. 아이들은 그 과정에서 자연스럽게 컴퓨터적 사고가 무엇인지를 깨닫게 된다.

우리 가족의 경우, 컴퓨터적 사고를 배우기 위한 특별한 교구나 학원은 필요하지 않았다. 사실 놀이만으로 컴퓨터적 사고를 키울 수 있는 언플러그드 코딩 같은 좋은 방법이 있다. 예를 들어, 아빠 로봇 조종하기 같은 언플러그드 코딩은 컴퓨터를 사용하지는 않지만 코딩과 친해지기에는 더할 나위 없이 좋은 방법이다.

언플러그드는 몸으로 체험할 수 있도록 종이, 컵, 색연필 등을 이용해 체험할 수 있는 코딩 방법이다.

언플러그드는 팀 벨(Tim Bell) 교수가 만들었다. 팀 벨 교수는 뉴질랜드에서 컴퓨터 없이 컴퓨터를 가르치는 방법을 개발하였고, 이런 공로를 인정받아 '컴퓨터 과학 교육에 대한 탁월한 공헌'으로 학회에서 주는 상을 받았다.

언플러그드는 어려운 컴퓨터 공학의 내용을 모두 몸으로 체험할 수 있도록 교재를 만들어 놓았기 때문에 비싼 학원에 다닐 필요 없이 부모만 있으면 아이들에게 코딩 교육을 시켜줄 수 있다.

컴퓨터가 필요 없기 때문에 저렴한 종이, 색연필, 풀, 가위만 있어도 코딩할 수 있다. 코딩 교육을 위해 필요한 것은 오직 부모의 열정과 시간이다.

언플러그드 코딩

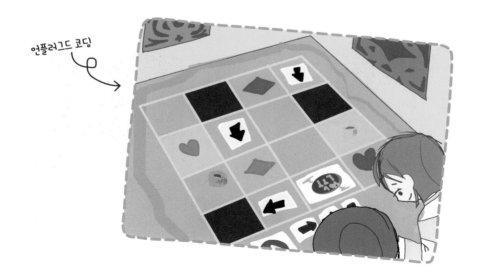

왜냐하면 언플러그드 코딩은 수많은 개별 지도(튜토리얼; tutorial) 영상이 오픈 소스(무료)로 공개되어 있기 때문이다.

특히 csunplugged.org를 방문하면 많은 교구와 체험 방법을 무료로 사용할 수 있다.

언플러그드 웹사이트(csunplugged.org)

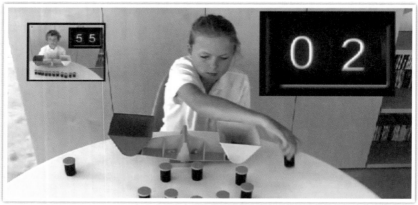

Computer Science Unplugged (csunplugged, YouTube)

소개된 교구와 체험 방법을 동영상을 보면서 배울 수 있는 개별 지도 영상 사이트도 있다. classic.csunplugged.org/videos 사이트를 방문하면 다양한 영상을 볼 수 있다. 이외에 유튜브 등에서도 개별 지도 영상을 볼 수 있다. 참고로 한글 교재를 playsw.or.kr(소프트웨어야 놀자)에서 배포하고 있다.

컴퓨터 언어는 컴퓨터에 데이터 입력-처리-출력 작업을 명령하기 위해 개발된 것이다. 초기에 개발된 컴퓨터 언어는 사람이 사용하는 언어라기보다는 컴퓨터가 이해하고 동작하도록 만들어졌다. 그러나 요즘에는 사람이 사용하는 언어와 유사한 컴퓨터 언어가 많이 사용되고 있다.

아래는 모니터에 "Hello, World!" (안녕, 세상!) 라는 글씨를 만드는 코딩 방법을 각 컴퓨터 언어로 보여주고 있다.

컴퓨터 언어	예
C 언어	char* data = "Hello, World!"; printf(data);
파이썬 (Python)	data = "Hello, World!" print(data)

자바스크립트 (JavaScript)	var data = "Hello, World!"; document.write(data);
자바 (Java)	String data = "Hello, World!"; System.out.println(data);
C#	string data = "Hello, World!"; System.Console.WriteLine(data);
HTML	\<HTML> \<body>Hello, World!\</body> \</HTML>
스크래치 (Scratch)	

컴퓨터 언어별 문법

이외에도 컴퓨터 언어가 수십 개 이상이다. 왜 이렇게 다양한 언어가 있을까? 그 이유는 각자 사용 목적에 적합한 컴퓨터 언어가 개발되었기 때문이다.

예를 들어, 웹사이트를 개발할 때는 편리한 HTML, 자바스크립트가 사용된다. 웹서버를 개발할 때는 자바나 C#을 사용하는 경우가 많다. C나 C++ 언어는 실행 속도가 빨라서 아두이노 같은 임베디드 컴퓨터(embedded computer; 특정 기기에 내장된 소형 컴퓨터)나 수치 계산이 많은 소프트웨어 개발 시 사용된다. 요즘에는 파이썬과 같이 실행 속도는 약간 떨어지지만 배우거나 사용하기 편리하고, 다양한 라이브러리를 지원하는 언어가 많이 사용된다.

최초의 프로그램 내장형 컴퓨터 개발자 - 모리스 윌크스

1913년 6월 26일 태어난 모리스 빈센트 윌크스 교수는 컴퓨터 발전에 아주 중요한 역할을 한 영국의 과학자이다.

윌크스는 최초 프로그램 내장형 컴퓨터인 EDSAC(Electronic Delay Storage Automatic Calculator)을 개발하였다. 그 이전까지는 컴퓨터 프로그램을 코딩하는 과정이 매우 힘들었다. EDSAC 개발 이전의 코딩은 진공관이 가능한 회로를 전선으로 연결하는 식이었다. 프로그램을

모리스 윌크스
(The Times, 2010, Professor Sir Maurice Wilkes)

수정하려면 회로에 연결된 복잡한 전선들을 다시 연결해야 했다. 이 문제를 해결하기 위해 윌크스는 코딩 명령을 메모리에 저장해 놓고 필요할 때마다 호출해서 사용할 수 있는 방법을 연구했다.

그는 이 문제를 해결한 마이크로 프로그래밍 회로를 발명했다. 이 회로는 기존보다 쉬운 코딩을 위해 어셈블리 언어를 사용한다. 그가 설계한 방식대로 컴퓨터 CPU 회로를 만들면, CPU를 간단한 회로의 조합으로 만들 수 있다. 또한, 코딩한 프로그램을 메모리에 보관할 수 있어 코드 수정이 매우 쉬워진다.

어셈블리 언어를 이용하면 개발자는 0과 1로 이루어진 어려운 기계 명령어를 직접 컴퓨터 회로에 전선이나 스위치로 입력하지 않고, 다음과 같이 보다 쉽게 프로그램을 코딩할 수 있다.

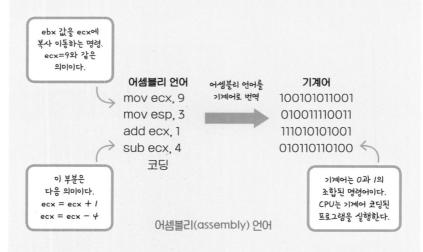

어셈블리(assembly) 언어

이후 개발된 컴퓨터는 어셈블리 언어를 실행할 수 있는 마이크로 프로그래밍 회로가 핵심이 된다. 오늘날 모든 컴퓨터는 이 회로가 포함된 CPU를 사용해 프로그램이 실행된다.

그는 이러한 공헌을 인정받아 1967년 튜링상을 받았다.

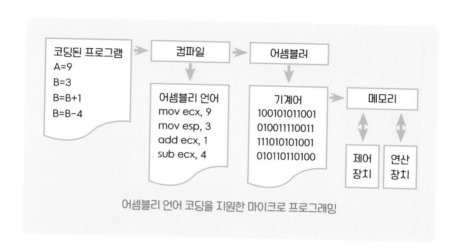

어셈블리 언어 코딩을 지원한 마이크로 프로그래밍

모든 것을 이진수로 이해하는 컴퓨터

컴퓨터는 모든 데이터를 이진수로 표현해 저장하고 계산한다. 컴퓨터는 전등처럼 켜짐과 꺼짐 상태만 기억하고 계산할 수 있다. 이진수는 이 두 가지 상태를 표현하는 데 적합한 방식이었다.

만약 숫자 82가 컴퓨터에서 표현되면 다음과 같은 이진수로 저장된다.

1010010

이진수는 다음과 같이
계산된다.

54

컴퓨터에서 입력되는 모든 데이터는 이진수로 저장되고 계산된다. 심지어 문자열, 사진, 음성, 동영상도 이진수로 저장할 수 있다.

다음 그림은 흑백 이미지를 이진수로 표현해 저장한 예이다. 이미지 최소 단위를 픽셀(Pixel)이라 하는데, 이를 0과 1로 표현한 것이다. 그림의 경우 가로 10, 세로 10픽셀이 사용된 이미지이다. 따라서 이 그림은 전체 100 픽셀로 구성된 것이다.

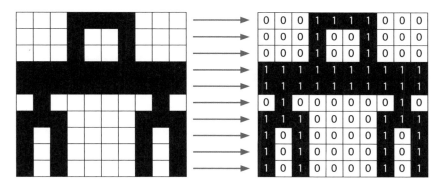

이진수로 표현된 이미지
(Representing images, GCSE AQA Computer Science, snb.guru)

이 그림에서 첫 줄은 이진수로 다음과 같다.

0001111000

컴퓨터는 이진수로 저장하지만, 사람이 보았을 때 비트 수가 많으면 이진수도 길어지고 알아보기도 어렵다. 그래서 코딩할 때는 16진수를 사용하기도 한다. 16진수는 16개의 숫자를 대응되는 숫자와 영문자로 표현한다.

10진수	2진수	16진수
0	0	0
1	1	1
2	10	2
3	11	3
4	100	4
5	101	5
6	110	6
7	111	7
8	1000	8
9	1001	9
10	1010	A
11	1011	B
12	1100	C
13	1101	D
14	1110	E
15	1111	F

앞의 이진수를 16진수로 표현하면 다음과 같다.

2진수	00 0111 1000
16진수	0x078

16진수는 이진수 자릿수가 최대 4비트이므로 4비트씩 16비트로 대응시키면 078이 된다. 보통 16진수 값임을 구분해 주기 위해 0x를 숫자 앞에 붙인다. 값 078의 경우 0x078로 표시된다.

앞서 이야기했듯이 컴퓨터에서 모든 형태의 데이터는 이진수로 저장될 수 있다. 만약 256 회색 이미지를 표현하려면 각 픽셀은 8비트 조합(=256)으로 표현할 수 있을 것이다. 컬러 이미지는 적색, 녹색, 청색의 조합이므로 각 픽셀은 24비트(적색 8비트, 녹색 8비트, 청색 8비트)가 필요하다.

동영상이 1초에 30프레임으로 녹화된다면, 10초면 300장의 이미지가 이런 방식으로 메모리에 저장할 수 있다. 음성 등 다른 데이터도 비슷한 방식으로 이진수를 저장할 수 있다.

이진수로 표현된 데이터를 디지털 데이터로 말하기도 한다. 디지털 데이터는 공기처럼 보이지는 않지만, 요즘에는 돈처럼 큰 가치를 가진다. 구글 유튜브는 디지털 데이터를 제공한 사람에게 큰돈을 주기도 한다.

우리가 스마트폰으로 유튜브 영상을 볼 때, 스마트폰 안에 내장된 컴퓨터는 이진수로 표현된 영상 데이터를 빛의 속도만큼 빠르게 계산할 수 있기 때문에 고해상도 영상도 부드럽게 표시되는 것이다.

데이터가 기억되는 변수

데이터를 담는 그릇을 변수(variable)라 부른다. 변수가 있어 컴퓨터는 현재 계산된 상태를 기억할 수 있다. 변수는 메모리에 저장되어 필요할 때 사용할 수 있다.

보통 변수는 다음과 같이 코딩된다.

```
name = " sunwoo "
```

이 명령의 의미는 name이란 변수에 "sunwoo"란 문자열 데이터를 담는 것이다.

변수는 다음과 같이 정수, 실수, 문자열 등 다양한 형태의 데이터를 담을 수 있다.

```
robot1.energy = 100          # 정숫값 100을 robot1.energy 변수에 넣어 두자.
number = 608.02              # 물론, 실숫값도 넣을 수 있다.
number = 910.13 * number     # 값을 곱하는 등 계산된 값을 넣을 수 있다.
robot1.name = " yeonsu "     # 문자열 값도 변수에 저장할 수 있다.
robot2.name = robot1.name    # 이렇게 저장된 변숫값을 꺼내 사용할 수 있다.
```

변수는 코딩된 알고리즘에 따라 계산 값을 담거나 데이터를 출력할 때 사용하기도 한다. 변수란 개념이 없다면, 코딩한 프로그램은 죽어 있는 프로그램과 다름이 없다.

변수가 있어야 프로그램은 입력값에 따라 실행 상태가 조건을 타고 상황에 따라 다르게 실행될 수 있는 것이다.

사례 아빠 로봇의 회전 각도 변수 만들기

앞서 아빠 로봇 사례를 보여준 적이 있다. 아빠 로봇은 매우 단순하여 명령어가 5개 밖에 없고 시키는 대로만 행동할 뿐이다. 만약 아빠 로봇이 무엇인가를 기억할 수 있다면 더 다양한 일을 시킬 수 있다.

아빠 로봇은 회전 각도가 90도로 고정되어 있다. 만약 회전 각도를 입력받을 수 있다면 아빠 로봇을 대각선 방향으로 이어진 공부방으로 움직이게 할 수도 있다.

90도 각도만으로는 이동하기 어려운 곳에 들어가게 하여 힘든 일을 시킬 수도 있다. 우리가 아빠 로봇 놀이를 했을 때, 선우는 아빠 로봇을 약간 수리해 회전 각도란 데이터를 담는 그릇과 rotate이란 회전 명령을 만들어 놓았다. 회전 각도 그릇은 알기 쉽게 angle로 이름 지어 놓는다. 아빠 로봇을 45도 회전(rotate)한 후 앞으로 2칸 움직이려면, 다음과 같이 코딩하면 된다.

```
angle = 45
rotate(angle)
go_forward()
go_forward()
```

(Conner Flynn, 2018, Dad Makes Awesome Mechwarrior Costume For Kids, techabob.com)

이런 코딩을 카드에 적어서 전달하면 아빠 로봇은 그대로 행동한다. 코딩을 잘못하면 벽에 부딪히고 깔리는 경우도 종종 발생한다. 그래도 이렇게 코딩을 개선하며 재미있게 놀 수 있다.

가끔, 해외에서는 아이와 이렇게 놀기 위해 직접 로봇 프레임을 만들어 아이를 태우고 다니는 딸 바보, 아들 바보인 아빠도 있어 다른 아이들의 부러움을 사기도 한다.

컴퓨터에게 일을 시키는 명령문

컴퓨터에 작업을 시키는 명령문은 기본적으로 데이터 계산하기, 데이터 입출력하기, 명령문의 순서를 제어하는 제어문이 있다.

제어문은 코딩한 명령어를 순서대로 실행하는 순차 실행, 반복해 실행하는 반복문, 조건에 따라 실행하는 조건문으로 나눈다. 반복문은 루프(LOOP), 조건문은 IF문으로 알려져 있다.

이진수로 된 데이터를 더하고, 빼고, 곱하고, 나누는 연산 명령은 CPU에서 실행된다.

입출력 명령은 입출력 장치에서 각각 실행된다. 예를 들어, 키보드, 마우스에서는 데이터를 입력받는 입력 명령어가 있다. 화면이나 프린터에서는 그림을 출력하는 명령어가 있다. 또한 인터넷의 특정 컴퓨터에 데이터를 전달하거나 반대로 데이터를 받는 통신 명령어가 있다. 이것도 입출력 명령과 비슷하다.

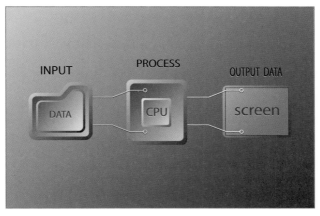

데이터 처리 과정

이런 명령어를 제어문으로 조합해서 우리가 스마트폰에서 사용하는 재미있고 유용한 프로그램을 코딩할 수 있다. 참고로, 이 책에서 코딩할 때는 주로 파이썬 언어를 이용할 것이다.

```
A = 3.27
pi = 3.14
print("input B = ")
B = input_number()
C = A / pi * B
print("results = ")
print(C)
```

파이썬은 비교적 문법이 간단하고 사용하기 편리하여 전 세계 개발자들이 애용하는 코딩 언어이다. 파이썬은 수학, 통계, 인공지능 등 전문 분야에서 많이 사용되고 있다.

예제 간단한 계산기 프로그램

간단한 사칙연산 계산기 프로그램을 만들어 보자. 사용한 컴퓨터 코딩 언어는 파이썬으로 하고, 소스 코드 입력은 www.onlinegdb.com/online_python_compiler사이트에서 한다. 이 웹사이트는 무료로 코딩을 배우기에 좋다. 참고로 구글에서 "online python"을 검색해 보면 더 많은 무료 파

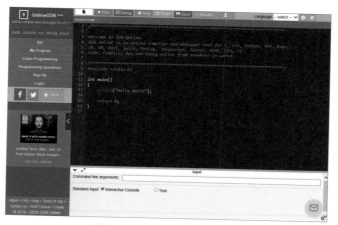

OnlineGDB 무료 코딩 교육 웹사이트

이썬 코딩 편집기 및 실행기를 확인할 수 있다.

계산기 소스 코드는 다음과 같다.

```
num1 = int(input("Enter first number: "))    # 정숫값을 num1 변수에 입력
num2 = int(input("Enter second number: "))   # 정숫값을 num2 변수에 입력

print(num1,"+", num2,"=", num1 + num2)       # 덧셈 계산 후 출력
print(num1,"-", num2,"=", num1- num2)        # 뺄셈 계산 후 출력
print(num1,"*", num2,"=", num1 * num2)       # 곱셈 계산 후 출력
print(num1,"/", num2,"=", num1 / num2)       # 나눗셈 계산 후 출력
```

직접 입력해 보면 여러분도 쉽게 코딩할 수 있음을 느낄 것이다. 파이썬만 할 수 있어도 인공지능부터 게임까지 재미있는 것을 만들 수 있다.

조건문과 반복문

제어문은 순차문, 조건문, 반 복문이 있다. 순차문은 명령 어를 코딩하면 코딩한 순서 대로 컴퓨터가 실행해 주는 문장이다.

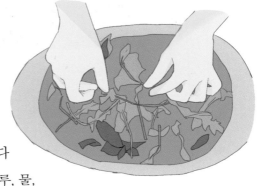

우리가 코딩으로 피자를 만든다 고 생각해 보자. 피자는 밀가루, 물, 설탕, 소금, 이스트가 필요하다. 그릇에 이 재료를 넣 는다고 생각해 보자.

다음과 같이 그대로 컴퓨터에 입력하면 입력한 순서대로 실행될 것이다.

```
bowl.add(flour, 300)      # 그릇에 밀가루 300그램을 넣는다
bowl.add(water, 150)      # 물 150그램
bowl.add(sugar, 5)        # 설탕 5그램
bowl.add(salt, 5)         # 소금 5그램
bowl.add(yeast, 5)        # 이스트 5그램을 넣는다.
bowl.mix()                # 넣은 재료를 섞어 반죽을 만드는 거야.
```

조건문은 조건에 따라 명령문을 실행하거나 실행하고 싶지 않을 때 사용한다. 만약 재료에 따라 피자를 만들고 싶다면 조건문을 사용하면 된다.

```
If ingredients=="tomato":
    print("토마토 피자를 만들 거야")
elif ingredients == "bulgogi":
    print("불고기 피자를 만들 거야")
else:
    print("아직 무엇을 만들지 결정하지 못했어.")
```

반복문은 루프(LOOP)라고도 한다. 루프는 명령을 반복해서 실행해야 할 때 사용하는 것이다. 컴퓨터는 루프처럼 수천 번 이상 반복하더라도 불평하지 않는다. 이 점이 컴퓨터가 사람보다 잘하는 점이다.

무한히 명령어만 반복해 실행해도 되겠지만, 언젠가는 조건이 맞을 때 루프를 탈출해야 할 때도 있을 것이다. 그래서 루프는 앞에서 설명한 조건문이 함께 사용되는 경우가 많다.

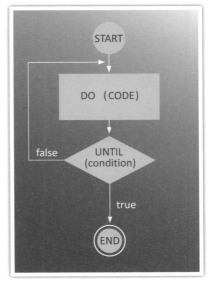

명령문을 반복해서 실행하는 LOOP 반복문

예를 들어, while문은 그 안에 속한 명령문장을 조건이 참일 때까지 반복 실행한다.

피자 만드는 로봇을 상상해 볼까?
피자 만드는 로봇의 동작에 관한 알고리즘은 while문을 사용해서 다음과 같이 코딩할 수 있다.

```
pizza_count = 0
while pizza_count< 10:
    pizza.make()  #피자를 만든다
    pizza_count = pizza_count+ 1
    print(" 피자 %d개 만들었어 " %pizza_count)
```

피자 만드는
로봇

while문과 함께 가장 많이 사용
하는 루프는 for문이 있다.
사전상의 뜻은 두 단어 모두 비슷하
다. for문은 while문과 비슷하며 리
스트(list) 자료를 이용할 때 편리하다.
리스트는 엑셀 데이터처럼 값들이 나
열된 형식으로 모아둔 자료 구조이

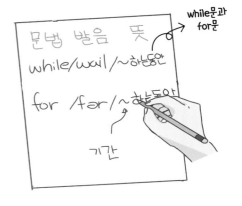

다. 예를 들면, 토마토, 감자, 불고기 피자 이름을 다음과 같이 리스트 자료
로 코딩할 수 있다.

리스트 안의 데이터를 하나씩 가져와 처리하고 싶을 때는 for문을 사용하
면 편리하다. 만약 "tomato", "potato", "Bulgogi" 문자열이 들어 있는
리스트를 하나씩 꺼내서 출력하려면 다음과 같이 코딩하면 된다.

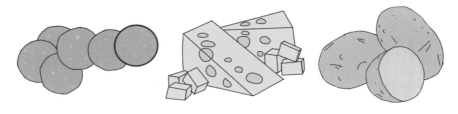

피자 이름이 보관된 리스트 자료 구조

```
list = [ " tomato " ,  " potato " ,  " Bulgogi " ]
for pizza_name in list:
    print(pizza_name)
```

코딩된 것을 실행해 보면, 다음과 같이 피자 이름이 출력될 것이다.

```
tomato

potato

Bulgogi
```

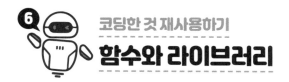

6 코딩한 것 재사용하기
함수와 라이브러리

앞에서 보았던 피자 만드는 로봇 알고리즘을 여러 번 사용하고 싶을 때, 우리는 매번 같은 명령어를 컴퓨터 앞에서 입력해야 할까? 이러한 반복적인 작업을 하지 않아도 되는 방법이 여기 있다.

프로그래밍에는 알고리즘을 코딩해 놓고 편리하게 호출해 사용하는 함수라는 개념이 있다. 함수는 우리가 수학 시간에 배웠던 그 함수와 같은 개념이다. 코딩은 수학자들이 만든 것이기 때문에 수학 관련 개념이 많이 포함되어 있다.

함수는 어떤 값을 입력하면, 코딩된 알고리즘에 의해 계산된 결과를 출력하는 것이다.

함수를 만들 때는 다른 함수들과 구분할 수 있는 함수명(이름), 함수 입력 변수, 함수 출력 변수를 만들고, 함수 안에 알고리즘을 코딩해 넣으면 된다.

```python
def hello():
  print("Hello world!")
```

아까 보았던 피자 만드는 로봇 알고리즘을 함수로 만들어 볼까?

```python
def pizza_robot(pizza, number):
  pizza_count = 0
  while pizza_count< number:
    pizza.make()  #피자를 만든다
    pizza_count = pizza_count + 1
    print("피자 %d개 만들었어" %pizza_count)
```

우리가 만든 pizza_robot 함수를 실행하려면, 간단히 함수명과 입력값을 전달해 주면 된다.

```python
pizza_robot(pizza, 3)
```

그럼, 다음과 같이 피자가 만들어지는 것을 볼 수 있다.

피자 1개 만들었어

피자 2개 만들었어

피자 3개 만들었어

라이브러리(library)는 함수를 사용하기 쉽게 모아둔 책 같은 것이다. 함수가 한두 개 정도라면 찾아 꺼내 쓰는 데 어렵지 않겠지만, 수백 개 이상이라면 수많은 책을 잘 정리해 모아 둔 도서관처럼 함수도 정리해 모아 두어야 찾기 쉬울 것이다. 참고로, 무언가를 찾기 쉽게 정리해 모아둔 것을 라이브러리라고 한다. 그래서 도서관도 라이브러리라 한다.

라이브러리 – 다양한 함수를 정리해 모아 둔 도서관

라이브러리 안에 저장된 함수들은 재사용할 수 있어. 필요한 함수가 있는 라이브러리에서 가져다 쓰기만 하면 되는 거지. 마치 우리가 필요한 책을 도서관에서 찾아 가져다 쓰면 되듯이 말이야.

와! 그거 좋은데?

라이브러리 종류는 다양하다. 자료 파일을 읽고 쓰는 입출력 라이브러리, 그림이나 동영상을 화면에 출력하는 라이브러리, 소리를 출력하는 라이브러리, 키보드나 마우스 좌표를 입력받는 라이브러리 등이 있다.

이 라이브러리 안에는 개발자가 코딩한 수많은 함수가 들어 있어 우리가 필요할 때마다 가져다 쓰기만 하면 된다. 마치 우리가 필요한 책을 도서관에서 찾아 가져다 쓰면 되듯이 말이다.

예를 들어, 통계 함수가 있는 라이브러리를 이용하면 평균, 분산과 같은 다양한 통계값을 손으로 계산하지 않고 쉽게 얻을 수 있다.

그럼, 다음처럼 한 번 코딩해 볼까?

```
import statistics           # 통계 라이브러리 가져오기
data = [1.2, 1.5, 2, 2.5, 3, 3.5, 3.7]    # 데이터 리스트
mean = statistics.mean(data)              # 평균값 계산
median = statistics.median(data)          # 중간값 계산
variance = statistics.variance(data)      # 분산값 계산
print( " 평균 = %.2f " %mean)
print( " 중간값 = %.2f " %median)
print( " 분산값 = %.2f " %variance)
```

이렇게 라이브러리 안에 있는 함수만 호출하면 다음처럼 값을 얻을 수 있다. 함수나 라이브러리가 없으면 수많은 소스 코드를 반복해서 다시 코딩해야 했을 것이다.

```
평균 = 2.49
중간값 = 2.50
분산값= 0.94
```

사실, 스마트폰에 실행되는 대부분 앱과 컴퓨터 프로그램은 이런 라이브러리를 잘 이용해 만든 것이다. 라이브러리를 이용하면 간단한 계산기부터 화려한 게임도 쉽게 만들 수 있고 움직이는 로봇도 빨리 코딩할 수 있다.

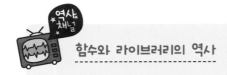

함수와 라이브러리의 역사

함수(function), 서브루틴(subroutine), 프로시저(procedure)란 개념 모두 소프트웨어에서 특정 동작을 수행하는 일정 코드 부분을 의미한다.

함수는 대부분의 프로그래밍 언어에서 지원하는 기능이다. 프로그램은 작은 함수들로 구성된다. 함수를 사용하면 개발자가 코드를 수정하기 쉽다.

```c
51   char *EXP_COM[] = {
52   char *RV_TIME[] = {
53
54
55   int summary(void *barg,void *
56   {
57       char *str = (char *)
58       st_board *board = (st_board
59       int ret = 0;
60
```

함수 코딩(C 언어)

함수의 개념은 컴퓨터가 개발된 이후 발전하였다. 최초의 컴퓨터는 코딩한 함수를 실행하는 호출 명령어가 없었다.

유니박(UNIVAC)과 같은 1960년대 중순 이전의 컴퓨터는 일반적으로 함수 호출 시 명령 시작 시점을 호출된 함수 시작 주소로 메모리에 저장하였다.

PDP-11 (Wikipedia)

DEC 사가 개발한 PDP-11 컴퓨터는 함수를 계층적으로 호출할 수 있는 명령을 지원하는 최초의 컴퓨터 중 하나였다.

이러한 컴퓨터의 경우, 호출된 함수가 종료되면 자동으로 호출된 함수 그 다음 문장부터 명령이 실행될 수 있었다. 이전 컴퓨터는 함수 호출 시 현재 소스 코드 실행 시점을 저장해가며 함수 호출을 코딩해야 했다.

함수는 컴퓨터 언어의 가장 중요한 부분을 차지하고 있다. 컴퓨터 언어의 명령어뿐 아니라 조건문과 같은 제어문까지도 함수로 정의될 수 있다.

또한 함수를 사용하면 복잡한 구현 명령어들을 하나의 이름으로 묶어 사용할 수 있다. 함수 이름만 코딩하면 함수의 구현 내용이 실행되기 때문에 편리하고, 함수의 입력 변숫값을 달리함으로써 함수를 구현한 알고리즘을 재사용하기 편하다.

API(Application Program Interface)

API는 특정한 작업을 실행하는 함수들을 말한다. 애플이나 구글 같은 유명한 소프트웨어 개발사는 많은 개발자가 자신의 플랫폼 위에서만 실행되는 앱을 만들어주길 원한다. 이런 이유로 개발사는 API와 코딩 예제를 무료로 사람들에게 제공한다. 이를 이용하면 스마트폰 앱이나 웹 애플리케이션을 손쉽게 개발할 수 있다.

개발사는 보통 API를 잘 사용할 수 있도록 예제, 동영상, 개발자 커뮤니티를 지원한다. 다음 그림은 개발자가 API를 이용해 모바일 앱을 개발하고 이를 통해 고객을 확보하여 돈을 버는 상황을 보여준다.

API는 사용 목적에 따라 다양해질 수 있다. 예를 들어, 웹 API는 웹 애플리케이션 개발에서 다른 서비스에 요청을 보내고 응답을 받기 위해 정의된 인터페이스이다. 페이스북 API를 이용해 페이스북 위에서 동작하는 게임 앱을 만들 수도 있다.

API 중에 소프트웨어 개발사가 무료로 공개한 API를 오픈(Open) API라 한다.

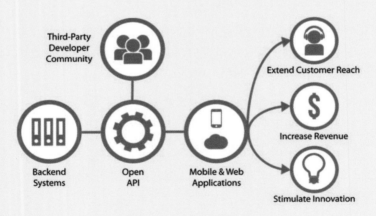

API로 개발된 앱의 가치 (Wikipedia)

페이스북 API (developers.facebook.com/docs)

구글, 마이크로소프트, 페이스북, 아마존, 트위터, 알리바바 등 유명한 소프트웨어 개발사는 모두 오픈 API를 제공하고 있다. 이를 이용해 구글 메일을 받으면 특정 메시지만 골라서 페이스북에 게시해주는 앱 등을 쉽게 개발할 수 있다.

최근 인공지능, 사물인터넷 같은 기술도 오픈 API로 공개되고 있다.

코딩, 어디까지 해 봤니?
처음부터 끝까지 코딩의 과정

중요한 질문

보통 단순한 프로그램을 코딩할 때는 생각나는 대로 코딩하면 된다. 하지만 코딩할 프로그램이 복잡하다면 생각할 것이 많아진다. 복잡한 부분을 정리하지 않고 생각 없이 코딩하면, 프로그램이 제대로 실행되지 않거나 원치 않는 프로그램으로 개발될 수도 있다.

코딩하기 전에 다음 질문을 스스로 해 보는 것이 좋다.

1. 무엇을 만들고 싶니?
   프로그램 사용자는 누구일까?

2. 어떻게 보이고 싶니?

3. 어떻게 동작해야 할까?

4. 개발된 후 제대로 동작하는
   것을 어떻게 확신할 수 있을까?

5. 개발된 것을 어떻게 사용자에게
   전달해 줄까?

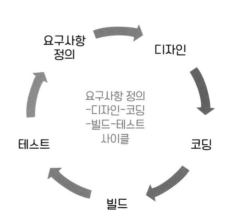

요구사항 정의 – 디자인 – 코딩 – 빌드 – 테스트 사이클

요구사항 정의 / 디자인 / 코딩 / 빌드 / 테스트

이러한 질문에 대한 대답을 정리하는 과정이 요구사항 정리, 디자인, 코딩, 빌드, 테스트 단계이다. 그리고 이런 소프트웨어 개발 단계를 정의하고 품질을 높이는 과정을 소프트웨어 공학이라 한다.

소프트웨어 공학

소프트웨어 공학은 소프트웨어 개발, 운용, 유지보수 등의 프로세스 전반을 체계적으로 다루는 학문이다.

소프트웨어 공학이 처음 이론화된 것은 1968년 북대서양조약기구(NATO) 소프트웨어 공학 학회에서였다. 이때에는 복잡한 소프트웨어의 소스 코드 라인 수가 5백만 라인을 넘어 천만 라인에 육박하였다.

규모가 너무 커져 버린 소프트웨어로 인해 에러 없이 실행되고 유지보수하는 것은 큰 문제로 대두되었다. 이 문제는 소프트웨어 개발 프로세스를 체계적인 방법으로 작업하자는 흐름으로 나타났다.

소프트웨어 공학과 관련된 것

소프트웨어 공학 콘퍼런스

(1968, Garmisch conference, http://homepages.cs.ncl.ac.uk/brian.randell/NATO/N1968/GROUP7.html)

무엇을 코딩하고 싶니?

우리가 프로그램을 코딩하고 팔아서 돈을
벌거나 좋은 일을 하고 싶다고 하자.
그렇다면 당연히 사람들이 좋아할 만한
기능을 코딩해서 프로그램에 넣어야 한다.
이를 사용자 요구사항 정의라고 한다.

요구사항 정의는 개발된 프로그램 성공 여부를 결정하는 매우 중요한 단
계이다.

요구사항이 결정되면 프로그램이 사용자에게 어떻게 보이는지 디자인해
야 한다. 디자인은 자신이 만들 프로그램을 매력 있게 보이도록 예쁘게 꾸
미고 동작하는 순서를 정리해보는 단계이다.

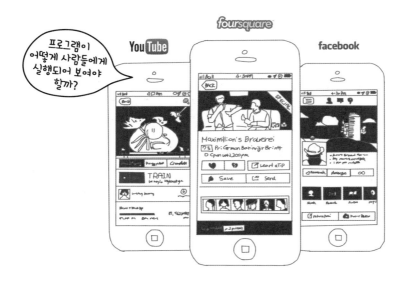

디자인 과정을 위해 함께 아이디어를 짜내는 브레인스토밍을 하거나 마인드맵(mind map)을 그리기도 한다. 사용자가 프로그램을 어떤 순서로 실행하는지 정리하려면 순서도나 스토리보드를 그려 보면 좋다.

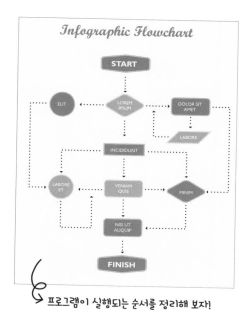

프로그램이 실행되는 순서를 정리해 보자!

스토리보드 다이어그램

스토리보드란 영화, 광고, 프로그램, 애니메이션 같은 콘텐츠를 제작하기 위해 작성하는 디자인 문서이다.

스토리보드에는 콘텐츠 작업에 필요한 전체적인 정보가 담겨 있기 때문에 개발에 들어가기 전에 점검하는 데 유용하게 쓰인다. 콘텐츠 제작의 가이드라인이 되어 좀 더 효율적으로 일을 할 수 있게 도와준다.

콘텐츠를 제작할 때 제작자의 머릿속에는 아이디어와 콘셉트들이 떠오를 것이다. 이러한 생각, 아이디어 스케치, 메모 등을 통해 영상물에 대한 기획을 세운다.

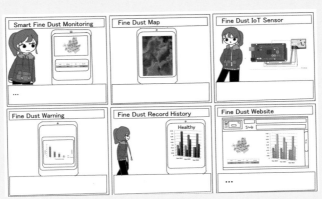

스토리보드 – 디자인 개념과 사용 순서 정리

그다음엔 시나리오 작성, 기존의 생각, 아이디어, 콘셉트 등을 더 발전시켜 세부 묘사를 한 것이 스토리보드이다.

사례 HCI (Human Communication Interface)

HCI는 인간과 컴퓨터 간 상호작용을 연구하는 학문이다.

이 분야는 컴퓨터, 심리학, 산업공학 등 여러 분야가 관련되어 있다. 여기서 말하는 상호작용은 사용자와 컴퓨터 사이 인터페이스와 관련된 동작을 말한다. 인터페이스는 하드웨어와 소프트웨어를 모두 포함한다.

최근 상황지각 컴퓨팅은 인터페이스의 정의를 우리 주변까지 확장하고 있다. HCI의 목적은 인간이 컴퓨터를 좀 더 쉽고 편하게 사용함으로써 인간과 컴퓨터 간의 상호작용을 개선하는 것이다.

이러한 디자인을 통해서 우리가 서로 생각하는 프로그램이 어떤 것인지를 눈으로 보며 아이디어를 교환할 수 있다. 아무리 좋은 아이디어라도 함께 눈으로 보고 확인하지 않으면 코딩하기가 어려울 것이다.

사실, 코딩은 사람이 디자인한 것을 컴퓨터가 이해하는 언어로 번역하는 것과 비슷하다.

인공지능이 발전하면서 디자인만 하면 코딩을 알아서 하는 프로그램이 개발될 수도 있을 것이다. 하지만 요구사항을 결정하는 행위는 인공지능이 하기에는 어려울 것이다. 왜냐하면 요구사항은 직접 사용자와 만나서 이야기해야 알 수 있기 때문이다. 따라서 사용자가 원하는 요구사항을 정의한 후에 디자인하는 것은 매우 중요하다.

프로그램을 빌드해 보자!

코딩을 하면 파이썬과 같은 소스 코드가 생성된다. 아직 소스 코드만으로는 컴퓨터가 스스로 이해해서 실행하지는 못한다. 소스 코드를 기계어로 번역하고, 사용한 라이브러리 안에 있는 함수와 소스 코드를 합치는 과정이 필요하다.

기계어로 번역하는 것을 컴파일(compile)이라 하고, 본인이 코딩한 소스 코드와 라이브러리 함수를 합치는 것을 링크(link)라고 한다. 소스 코드를 컴파일하고 링크하는 과정을 모두 합쳐서 빌드(build)라 한다.

빌드 과정에서 우리가 작성한 소스 코드에서 수많은 에러(error; 오류)를 만나게 될 것이다. 에러가 수천 개 나올 수도 있다. 이때 무엇이 잘못되었

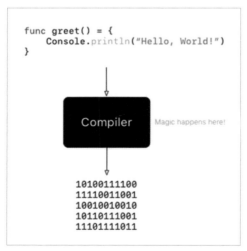

소스 코드를 컴퓨터가 이해하는 기계어로 번역하는 과정
(Faiçal Tchirou, 2017, Compilers and Interpreters, Hacker Noon)

는지 겁내지 말자. 빌 게이츠나 스티브 잡스도 처음으로 만든 프로그램에
에러가 없는 경우는 없었다. 에러는 고마운 것이다. 소스 코드에서 문법을
틀리거나 오타가 나면 친절하게 컴파일러가 알려 주기 때문이다.
만약 우리가 우주왕복선 프로그램을 만든다고 가정해 보자. 컴파일러가
문법이 안 맞는 오류 코드를 그대로 빌드해서 우주왕복선 컴퓨터에 설치
해 버렸다면 어떻게 될까?!

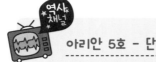

아리안 5호 - 단순한 프로그램 버그로 인해 폭발한 로켓

유럽 우주국에 의해 발사된 무인 로켓 아리안(Ariane) 5호는 프로그램 버그(bug; 오류)로 인해 발사 40초 만에 폭발했다. 1996년 발사된 이 로켓은 무려 8조 원이라는 천문학적 비용이 투입된 것이다. 이 로켓에는 5천억 원 이상 가치의 인공위성과 화물이 있었다.

아리안 5호 폭발 장면

로켓이 폭발된 원인은 단순한 소프트웨어 버그 때문이었다. 로켓은 비행 제어를 위해 속도 센서에서 속도 값을 계산한다. 하지만, 속도 처리하는 코드에서 64비트 실수로 표현된 속도값을 16비트 정수형 변수에 저장하기에는 값이 너무 컸다.

이 경우, 로켓 제어 컴퓨터는 오버플로(overflow; 값이 저장될 변수 크기보다 클 때 발생하는 오류) 에러를 발생하고, 예외 처리가 없다면 프로그램은 그냥 종료되어 버린다. 로켓의 각 부분을 제어하는 모든 프로그램이 종료된 상황이라 로켓은 폭주해버렸다. 아리안 제어 프로그램은 다음과 같이 에이다(ADA; 최초 프로그래머인 에이다 러브레이스를 기념해 만든 코딩 언어)란 언어로 코딩되어 있었다.

```
L_M_BV_32 := TDB.T_ENTIER_32S ((1.0/C_M_LSB_BV) *
                                    G_M_INFO_DERIVE(T_ALG.E_BV));
if L_M_BV_32 > 32767 then
    P_M_DERIVE(T_ALG.E_BV) := 16#7FFF#;
elsif L_M_BV_32 < -32768 then
    P_M_DERIVE(T_ALG.E_BV) := .16#8000#;
else
    P_M_DERIVE(T_ALG.E_BV) := UC_16S_EN_16NS(TDB.T_ENTIER_16S(L_M
end if;

P_M_DERIVE(T_ALG.E_BH) := UC_16S_EN_16NS (TDB.T_kNTIER_16S
                                    ((1.0/C_M_LSB_BH) *
                                    G_M_INFO_DERIVE(T_ALG.E_BH)))
end LIRE_DERIVE;
```

아리안 로켓의 속도값 저장하는 코딩. 여기에서 버그가 발생해 로켓이 폭발했다.

해당 부분은 수천만 소스 코드 중 매우 일부 라인이었다.

로켓 비행을 제어하는 컴퓨터는 다운되어 버렸고, 로켓은 궤도를 이탈해 폭발해 버렸다.

빌드에서 나온 에러를 잡는 단계를 디버깅(debugging)이라 한다. 말 그대로 버그를 잡는 것이다. 아래 코드에서 버그를 잡아 볼까? 파이썬으로 실행하면 문법 에러(syntax error)가 발생할 것이다.

```
name = "TomatoPizza
```

```
File "main.py", line 2
name = "Tomato Pizza
                    ^
SyntaxError: EOL while scanning string literal
```

이 문법 에러는 문자열의 끝인 EOL(End Of Line)을 찾지 못했다고 알려주는 것이다. 파이썬 문법에 따르면 문자열은 인용 부호인 따옴표(")로 시작되고 끝나야 한다.

```
maker "yeonsu"
```

```
  File "main.py", line 1
    maker "yeonsu"
                  ^
SyntaxError: invalid syntax
```

이 경우는 왼쪽 변수에 값을 넣을 때 사용하는 =(등호) 기호가 빠져 에러가 난 것이다.

```
def pizza_add(water, num):
  print(water, num)
  pizza_add( " water ", )
```

```
Traceback (most recent call last):
  File "main.py", line 4, in <module>
    pizza_add("cheese", )
TypeError: pizza_add() takes exactly 2 arguments (1 given)
```

pizza_add 함수는 water, num 두 개 입력값을 가진다. 하지만 pizza_add("water",) 호출할 때 값 하나만 입력했기 때문에 서로 맞지 않는다. 이 에러는 이를 잘못한 것이라고 알려준 것이다.

코딩된 프로그램 소스 코드가 많아지면 버그는 찾기 어렵다. 프로그램 실행 도중 버그가 발생하면 자료가 삭제되거나 시스템이 다운되어 큰 사고가 날 수도 있다. 그러므로 코딩 언어는 모호하게 코딩된 것을 에러로 처리하여 이러한 문제를 미리 방지한다.

문법에만 맞게 코딩한다고 버그가 발생하지 않는 것은 아니다.

다음 코드는 문법에 맞게 코딩되어 있지만 숫자를 0으로 나누는 치명적 문제가 숨어 있다. 수학적으로도 특정 숫자를 0으로 나눌 수 없다. 컴퓨터는 이를 계산할 수 없기 때문에 Zero Division 에러가 발생하고 프로그램을 강제 종료시킨다.

```
def pizza_divide(pizza_num, kids):
    return pizza_num / kids
num = pizza_divide(10, 0)
print(num)
```

```
Traceback (most recent call last):
  File "main.py", line 4, in <module>
    num = pizza_divide(10, 0)
```

최초의 버그

1945년 9월 9일 Mark.II란 이름을 가진 컴퓨터 회로에 나방이 들어가 합선을 일으켰다. 이를 코볼(COBOL)이란 컴퓨터 언어 발명자인 그레이스 호퍼가 발견한 것이 인류 역사상 최초의 버그이다. 이 나방은 나중에 미국 해군에서 여러 해 동안 전시되었다. 현재 스미소니언 박물관에 소장 중이다.

그레이스 호퍼가 발견한 역사상 최초의 버그

대부분은 프로그램 코딩보다는 프로그램 코딩 중 들어간 에러를 수정할 때 많은 시간이 사용된다. 그레이스 호퍼가 최초로 발견한 버그를 기념해 코딩 에러를 찾고, 에러를 잡는 작업을 디버깅(debugging)이라 하게 되었다.

디버깅하다 보면 새로운 버그를 만들어낼 때도 많고, 심지어 디버깅했더니 더 많은 버그가 불쑥 튀어나오는 경우도 종종 있다. 그래서 프로그래머는 디버깅 작업을 힘들어하는 경우가 많다.

```
File "main.py", line 2, in pizza_divide
    return pizza_num / kids
ZeroDivisionError: integer division or modulo by zero
```

이러한 버그를 미리 찾지 못할 때 아리안 로켓 폭발 사고 같은 문제가 발생하는 것이다.

빌드가 끝났다면, 프로그램이 제대로 돌아가는지 테스트해야 할 것이다. 테스트는 코딩한 소스 코드 전체를 하나씩 실행해 보는 방식이 제일 좋다. 하지만 소스 코드에 조건문과 함수가 많이 있다면 전체를 실행해 보기가 어려울 것이다.

예를 들어, 테스트하기 전에 프로그램 화면에 어떤 값을 입력해야 우리가 코딩한 조건문이나 함수가 모두 실행될 수 있을지를 계획하는 것이 좋다. 그래야만 그 안에 있을지도 모르는 에러를 찾아낼 수 있다.

코딩한 프로그램을 팔았는데 사용자가 실행하자마자 프로그램에 에러가 발생한다면 얼마나 당황스러울까? 만약 그 프로그램으로 중요한 일을 하고 있을 때 이러한 에러가 발생한다면 피해 보상을 해야 할지도 모른다.

따라서 코딩한 소스 코드는 모두 요구사항대로 잘 실행되는지 확인해야 한다. 이를 위해 요구사항부터 소스 코드까지 테스트 계획을 세우는 것이 좋다.

다음 그림은 테스트 계획까지 포함된 소프트웨어 개발 과정을 보여준다. 개발 흐름이 V 모양과 비슷해 V 모델 소프트웨어 개발이라고 불리며, 코딩 전문가인 프로그래머나 소프트웨어 개발사는 이런 방식으로 숨어 있는 오류를 찾는다.

V 모델 소프트웨어 개발
– 각 개발 과정마다 테스트 계획을 잘 세우면 버그를 미리 찾기 쉽다

우리가 작성한 소스코드가 모두 테스트되고 에러를 모두 찾아 수정했다고 가정해 보자. 그다음에 해야 할 일은 코딩한 프로그램을 사람들이 잘 보는 곳에 광고해야 할 것이다. 이 단계를 프로그램 배포라 한다. 자, 준비되었다면 앱스토어 같은 곳에 우리가 만든 프로그램을 올려 보고 광고해 보자.

사례 앱스토어(App Store)

앱스토어는 쉽게 말해 스마트폰에 사용되는 앱을 판매하는 장소다. 앱스토어는 2008년 애플에서 처음 아이폰용 앱을 유통하고 판매하기 위해 만들었다. 많은 개발자가 앱스토어에서 앱을 팔았고, 그중 일부는 큰 부자가 되었다.

앱스토어가 만들어지기 전에 사람들은 소프트웨어 판매사에 직접 구매하거나 원하는 프로그램을 찾기 위해 자료실이 있는 웹사이트를 찾아 게시

앱스토어(Apple)

구글 플레이 (play.google.com)

판 리스트에 올려진 소프트웨어를 찾아 다운로드하였다. 소프트웨어를 컴퓨터에 설치하는 방법도 쉽지 않았다. 때로는 다운로드된 소프트웨어에 바이러스가 포함되어 있어 설치된 컴퓨터를 포맷하는 상황도 있었다. 이 과정은 매우 불편했지만 사람들에게 다른 대안이 별로 없었다.

앱스토어는 이러한 문제를 해결하였기 때문에 사람들에게 큰 환영을 받았다. 애플은 개발자에게 큰돈을 벌 수 있게 해주면서 사용자에게 원하는 소프트웨어를 쉽게 설치할 수 있도록 해 주었다.

참고로, 구글은 앱스토어와 동일한 역할을 하는 구글플레이를 제공한다.

피구 게임 코딩

시작해 보기

이제까지 이야기한 코딩 정보를 모두 모아서 재미있는 게임을 만들어 볼까?

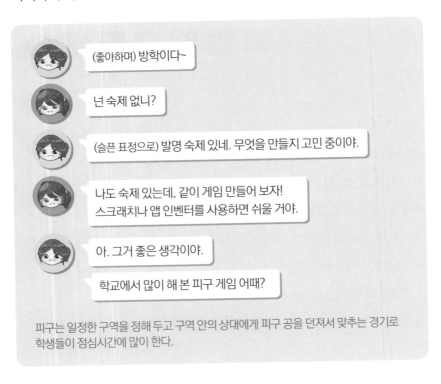

(좋아하며) 방학이다~

넌 숙제 없니?

(슬픈 표정으로) 발명 숙제 있네. 무엇을 만들지 고민 중이야.

나도 숙제 있는데, 같이 게임 만들어 보자!
스크래치나 앱 인벤터를 사용하면 쉬울 거야.

아. 그거 좋은 생각이야.

학교에서 많이 해 본 피구 게임 어때?

피구는 일정한 구역을 정해 두고 구역 안의 상대에게 피구 공을 던져서 맞추는 경기로 학생들이 점심시간에 많이 한다.

(철저히 조사해야 잘 만들 수 있겠지^^)
우선 피구 게임 규칙을 인터넷으로 조사해 볼까?

피구 게임 규칙

요구사항 1. 코트 내부에서 경기할 선수와 코트 외부에서
경기할 선수를 나눔
요구사항 2. 코트 내부의 상대 팀 플레이어를 공을 던져
맞추어 아웃시킴
요구사항 3. 코트 내부의 상대 팀 플레이어가 모두 아웃되면 승리함

코트 내에서 경기하다가 아웃되면, 코트 밖으로 나가 자유 공격에
가담하게 되므로 코트 내부에 선수가 적게 남았다고 해도 해당 팀의
경기력에 크게 차이가 나지 않는 것이 특징이야.

이 외에 또 다른 규칙은 다음과 같아.

· **땅볼:** 던져서 땅에 닿은 공을 던진 사람은 아웃이야.
· **더블과 트리플:** 공을 던져 한 명을 아웃시킨 공격이 다른 사람을
맞췄을 때는 더블, 그것이 다른 사람에게 또 맞으면 트리플이지.
· **외야수:** 상대 팀 진영 밖에서 공격할 수 있어.
· **부활:** 던지는 공을 잡으면 아웃되지 않고, 죽어서 외야수에 있는
아군이 부활할 수 있어.
· **외야 영역 밖:** 외야에서 공이 일정 거리의 외야 영역 밖으로 나가
면, 그 공은 상대 내야의 공이 되지.
· **금을 넘어간 사람:** 금을 넘어간 사람은 아웃이야.

요구사항을 결정하자

게임 규칙을 조사했으니까,
무엇을 게임으로 만들지를 결정해야 할 듯(잘 만들면 대박이지^^).
다들 게임을 어떻게 하는지 피구 코트에 놀러가 볼까?

이제 요구사항을 결정해야 한다. 이 단계는 현실의 문제를 컴퓨터 프로그
램 세계로 가져오는 첫걸음이다. 요구사항을 조사하기 위해 피구 코트를
가 보고 피구 게임의 규칙도 확인해 본다. 직접 피구를 해 보면 요구사항을
좀 더 쉽게 알 수 있을 것이다.

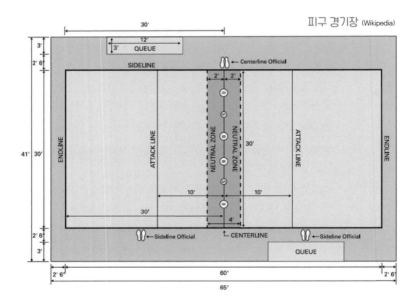
피구 경기장 (Wikipedia)

먼저 앞에서 조사한 게임 규칙인 요구사항1, 2, 3을 만들어 보기로 하자. 보통, 게임은 NPC(Non-Player Character)가 적이 되고, 내가 직접 조정하는 캐릭터는 아바타 역할을 하지. 피구의 경우에는 NPC가 상대편이 되는 것이지. NPC는 서로 부딪히지 않고 임의적인 패턴으로 움직이며 공을 던지고, 피하거나 받는다고 하자.

(좀 생각해 보다가) 게임 스테이지가 끝날 때마다 난이도가 올라가면 스릴이 있을 거야. NPC가 움직이는 패턴과 공의 속도도 빨라지도록 해 보자.

상상하며 디자인하기

그럼, 프로그램 동작 순서를 디자인해 볼까?
프로그램을 디자인하는 것은 크게 세 가지로 나눌 수 있어.
1. 프로그램 실행 순서도
2. 사용자 인터페이스 디자인
3. 데이터 구조

프로그램 순서도는 피구 게임이 어떤 순서로 실행되는지를 그려 놓은 그림이다. 박스, 화살표와 마름모꼴 모양을 이용해 프로그램이 실행되는 순서를 디자인하는 것이다.

미리 순서도를 정리해 놓으면 명확하지 않은 개발 방향 때문에 시간 낭비를 하거나 불필요한 코딩을 하는 등의 시간 낭비를 막을 수 있다.

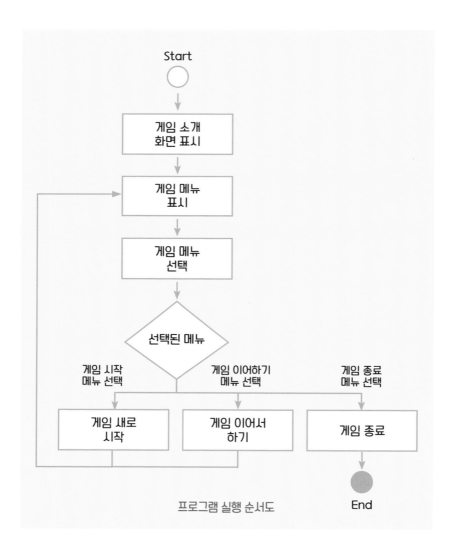

프로그램 실행 순서도

프로그램 실행 순서도를 그려 보니, 어떤 식으로 게임이 작동되는지 눈으로 보고 쉽게 이해할 수 있네!

이제 플레이어가 작동하는 인터페이스를 디자인해야 해.

사용자와 컴퓨터가 상호작동을 하기 위해서는 인터페이스가 필요한데, 여기서 사용자 인터페이스란 컴퓨터나 스마트폰 화면, 키보드나 마우스 같은 것을 말한다.

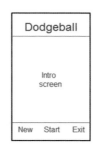
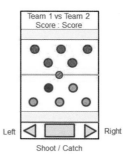

피구 게임 사용자 인터페이스 디자인

인터페이스의 메뉴가 어떻게 보이고, 선택하면 어떤 화면을 보여 주고, 어떤 동작을 하는지를 이야기하면서 정리하면 스토리보드가 만들어지는 것이다.

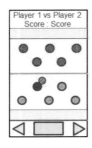 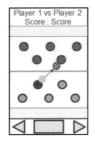 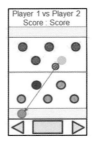 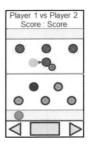

피구 게임 사용자 인터페이스 스토리보드

 피구팀이 움직이고, 공을 전달하고 받는 것을 좀 더 디자인해야 해.

 그럼, 피구팀이 어떻게 움직이는지도 정리해야겠네.

 그렇지! 피구팀이 움직이는 패턴을 정해야 해.

여기서 움직이는 패턴을 만드는 것은 코딩으로 해결해야 한다. 코딩은 컴퓨터가 실행하는 알고리즘을 만드는 작업이다.

 그럼, 공을 던질 때 어떻게 움직이는지도 정리해야겠네.

 그렇지! 공을 어떻게 잡을지도 결정해야 해.

 선수가 공을 맞으면 어떻게 해야 할까?

피구 규칙에 따라, 선수가 상대편 선 밖에서
공격 포지션으로 가야겠지.

이런 규칙도 알고리즘으로 코딩해야 한다. 이때 규칙을 간단히 알고리즘
으로 구현해 보자.

```
ball.move()
outPlayerNo= ourTeam.hitBall()
if outPlayerNo> 0:
  ourTeam.moveTo(outPlayerNo, outPlayers)
```

코딩은 만들고 싶은 마음, 만들고 싶은 것에 대한 공부, 사용자와 교감하는
인터페이스를 만드는 일을 총망라하는 것이다. 특히 알고리즘은 논리적으
로 생각할 수 있어야 만들 수 있다.

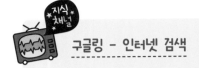

구글링 - 인터넷 검색

해외 유튜브 및 구글 검색 콘텐츠를 한국어로 번역해 보는 방법에 대해 간단히 이야기해 보겠다. 아직 컴퓨터에 익숙하지 않은 부모님이나 어린이들은 구글에서 검색되는 해외의 보물 같은 교육이나 진로 정보를 몇 다리 거쳐 번역된 국내 사이트에서 한참 늦게 보게 된다.

요즘 사회에서 정보 출처를 직접 검색하고 읽을 수 있는 능력은 가장 중요한 능력 중 하나다. 다른 사람이 번역한 국내 커뮤니티의 수많은 글만 보게 될 경우 다음과 같은 문제가 있다.

1. 다른 사람들보다 정보를 늦게 알게 된다.

2. 해외에서는 무료인 콘텐츠를 국내에서는 잘 몰라서 퍼온 글과 콘텐츠를 유료로 구매해야 하는 경우가 생긴다.

3. 정보 출처가 어디인지 모른다. 참고로, 해외에서 얻은 글을 자기 글인 것처럼 올려놓고, 출처를 밝히지 않는 경우가 많다.

4. 글을 대충 번역하여 올려놓은 경우, 내용에 문제가 있어도 알 방법이 없다. 즉, 무비판적인 정보 수용자가 되기 십상이다. 무엇이 옳은지 그른지 알기 힘들어진다.

5. 남이 번역한 글에 의존한다면, 자기주도적으로 정보를 얻는 방법을 알기 어렵다.

요즘에는 기술이 발달해 영어에 자신 없는 사람이라도 외국어로 쓰인 글을 검색하고 읽는 데에는 큰 문제가 없다. 구글에서 제공하는 유튜브나 검색 결과 모두 자동 번역을 지원하고 있기 때문이다.

구글 검색의 번역하기 기능

이미 구글 번역기는 인공지능 기술 등을 활용하여 전문 번역가들도 활용할 만큼 훌륭하게 발전하고 있다. 다음 그림은 구글 번역기로 자동 번역된 글이다. 전문 번역가 못지않다.

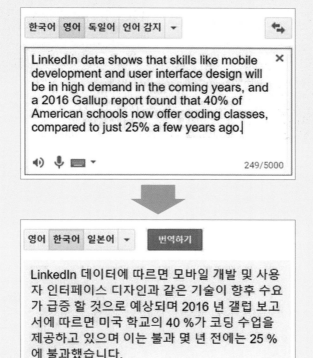

| 한국어 | 영어 | 독일어 | 언어 감지 | ▾ | ⇄ |

LinkedIn data shows that skills like mobile development and user interface design will be in high demand in the coming years, and a 2016 Gallup report found that 40% of American schools now offer coding classes, compared to just 25% a few years ago. ✕

🔊 🎤 ⌨ ▾   249/5000

| 영어 | 한국어 | 일본어 | ▾ | 번역하기 |

LinkedIn 데이터에 따르면 모바일 개발 및 사용자 인터페이스 디자인과 같은 기술이 향후 수요가 급증 할 것으로 예상되며 2016 년 갤럽 보고서에 따르면 미국 학교의 40 %가 코딩 수업을 제공하고 있으며 이는 불과 몇 년 전에는 25 %에 불과했습니다.

☆ ⧉ 🔊 ⧉   ✎

다음은 유튜브에서 외국어 자막을 자동으로 한국어 번역으로 설정한 모습이다. 매우 많은 교육 콘텐츠가 자막을 넣어 유튜브에 올려진다. 이 자막도 당연히 자동 번역을 지원한다. 유튜브 영상의 오른쪽 아래 '기어' 모양의 아이콘(⚙)을 클릭해, '자막' 메뉴에서 한국어 번역으로 설정하면 된다.

청소년 어린이 스케치업 교실
(www.youtube.com/watch?v=t4FMGJQ4zfc)

해외의 보물 같은 자료를 직접 검색하고, 읽고, 활용함으로써 자기 주도성을 갖는 것이 정보가 흘러넘치는 인터넷 사회에서 매우 중요한 능력이다.

정보의 주도권을 남에게 의존하지 말자.
이미 정보는 우리가 손만 뻗으면
닿을 곳에 있다.

하고 싶은 말을 예술로 표현해 봐

미디어 아트

우리가 말하고 싶은 말을 세상에 강렬하고 효과적으로 전달하는 가장 좋은 방법은 무엇일까? 아마 예술이 아닐까 생각한다. 특히, 미디어 아트 작품은 즐기는 사람들도 많고, 자신이 말하고 싶은 것도 표현하기 좋다.

요즘 미술관에 가보면 재미있는 영상에다 반짝거리고 움직이는 작품을 많이 볼 수 있다. 이런 예술 작품을 미디어 아트라고 한다. 미디어 아트는 기술을 이용해 예술을 한다. 코딩을 할 수 있으면, 미디어 아트 작품을 만들기 쉽다.

최근 미디어 아트는 컴퓨터와 센서를 사용하는 작품들이 많아졌다. 우리 주변 공간에 설치된 센서로부터 데이터를 받아, 이를 예술적으로 표현한 결과를 디스플레이한다. 이런 작품은 피지컬 컴퓨팅(physical computing)이란 기술을 사용한다.

피지컬 컴퓨팅

피지컬 컴퓨팅은 물리적 현실 세계의 온도, 빛 등의 변화를 센서로 데이터화한 후 컴퓨터로 내려받아 소프트웨어로 처리한다. 처리된 데이터는 모니터 등 여러 장치로 출력한다. 피지컬 컴퓨팅은 컴퓨터와 현실세계가 디지털 데이터를 통해 대화하는 기술이다. 피지컬 컴퓨팅은 사물 인터넷의 기초가 된다. 센서를 통해 환경을 인식하고 네트워크를 통해 정보를 공유 처리하기 때문이다.

우리는 센서를 통해 실세계의 온도, 습도, 밝기와 같은 아날로그 값을 디지털 값으로 변환할 수 있다. 전기로 작동하는 모터 같은 것들을 액추에이터라고 하는데, 이를 이용하면 실세계에 물리적인 변화를 줄 수 있다.

센서, 액추에이터, 이 둘을 제어할 수 있는 컴퓨터만 있으면 디즈니랜드와 같은 놀이동산에서 볼 수 있는 놀이기구나 게임을 만들 수 있다.

학생들은 피지컬 컴퓨팅을 통해 물리적인 세상과 디지털 가상 세계가 서로 소통하는 흥미로운 모습을 볼 수 있어 코딩을 배우는 데 좋은 수단이 된다. 직접 로봇을 조립해 조정하거나 센서와 출력장치를 부착해 인간과 상호작용하는 공작품, 예술품을 만들면서 그 원리를 배울 수 있다.

(방학을 맞아 미술관에 놀러 간 선우와 연수)

언니! 아래층에 신기한 작품이 있어. 큐브 모양의 작품이 깜빡깜빡하며 3차원 그림이 만들어져 (예쁘더라^^).

그건 LED 큐브야.

 (오잉!) 어디서 봤어?

 응. 유튜브에서 봤지! 아두이노 같은 오픈 소스형 컴퓨터를 사용하는데, 아두이노를 사용하는 대부분 작품은 소스가 공개된 경우가 많아.

 오~ 그럼 따라 하면 만들 수 있겠네.

 인스트럭터블 같은 곳에는 수많은 작품이 오픈 소스로 올라와 있지. 한번 확인해 볼까? 구글에서 인스트럭터블(instructables) 입력해 봐. 그 웹사이트가 검색될 거야.

 이거 말하는 거야?

피지컬 컴퓨팅

응. Let's Make _____에 네가 만들고 싶은 것을 입력해 봐.

 그럼 LED CUBE 로 입력해 볼까?

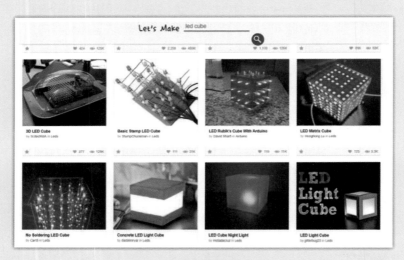

LED CUBE

 대박!

 세계의 많은 메이커가 자신의 작품을 만든 방법을 무료로 공유한 거야.

 집에서 만들어 봐야지.

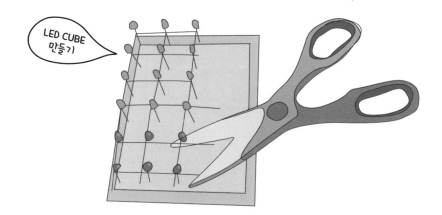

이렇게 다른 메이커가 만든 과정과 소스 코드를 공유한 웹사이트가 많아
지고 있다. 여기서 내가 만들고 싶은 작품을 어떻게 만드는지 배운 후 내
마음대로 변형해서 미술관이나 공공장소에 전시할 수 있다.

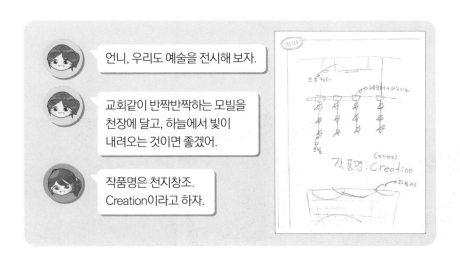

전시할 장소는 있어?

집이나 학교에서 해도 되지만, 좀 더 스타일 나게 아트센터에서 해보자.

아트센터, 돈 많이 들지 않을까?

음… 며칠만 빌리는 것은 싸지 않을까? 안 되면 집에서라도 하는 거지^^ (무한긍정!)

오케이!

미디어 아트는 오랜 기간 전문적으로 교육받은 작가들만 하는 것은 아니다. 요즘은 부모의 이해와 약간의 도움, 그리고 코딩만 할 수 있으면 학생들도 할 수 있다.

Creation 작품
(강선우, 2017, 한전 아트센터)

오픈 소스와 깃허브

소스(source)는 정보와 지식의 원천이다. 오픈 소스(open source) 운동은 개발자가 개발한 소프트웨어를 무료로 공개하고 소프트웨어를 움직이는 소스 코드 자체도 무료로 공유하자는 생각으로 시작되었다.

리처드 스톨만은 오픈 소스 운동을 주도한 자유 소프트웨어 재단을 설립하고, GNU(GNU's Not Unit!) 프로젝트를 진행하였다. 이를 통해, 많은 상업용 소프트웨어가 오픈 소스화되었다.

→ 오픈 소스 운동을 주도한 리처드 스톨만

이 운동은 사회적으로 큰 파급 효과를 주었다. 우리가 돈을 주고 사는 다수의 프로그램이 오픈 소스 기반으로 사람들에게 제공되었고, 사람들이 다시 개선된 프로그램을 제공하면서 오픈 소스는 큰 시장이 되었다.

하드웨어 전자 분야에서도 오픈 소스 운동에 영향을 받아 아두이노(Arduino), 라즈베리파이와 같은 유명한 소형 컴퓨터가 만들어졌다. 현재 아두이노는 교육용뿐만 아니라 상업적인 산업용 장비에도 응용되기 시작하였으며, 사물인터넷을 가장 저렴하게 구현하는 방법으로 활용되고 있다.

오픈 소스와 함께 빼놓을 수 없는 것이 깃허브(Github)이다. 깃허브는 오픈 소스를 저장하고 개발 협업 및 관리를 지원하는 웹사이트이다. 최근 깃허브는 마이크로소프트에서 8조 원에 인수된 적이 있다(2018).

대부분의 개발자는 어떤 소프트웨어를 개발하기 전에 깃허브에서 해당 프로젝트가 오픈 소스로 코딩이 있는지를 검색한 후 작업한다.

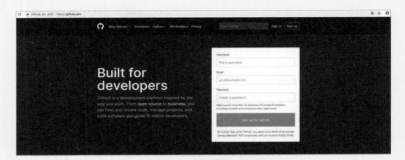

깃허브 홈페이지(github.com)

이미 개발할 소프트웨어가 오픈 소스로 있다면, 굳이 새로 코딩하지 않고, 라이선스 정책을 참고해 재활용한다. 참고로, 소스 코드 라이선스 정책에 따라 상업적으로 이용해도 무관하거나, 상업적으로 이용할 때 알려줘야 하는 등의 의무사항이 있다.

오픈 소스 운동은 지식을 얻는 과정 전체를 공개하고, 사회를 변화시키는 정도까지 발전했다. 오픈 소스는 현재 건축 등 다양한 공학 분야뿐 아니라, 산업계, 사회단체 및 세계 정부에도 큰 영향을 주고 있다. 미국 오바마 정부는 정보통신과 관련된 공개 데이터 정책을 깃허브에 업로드해 시민과 공유한 적도 있었다.

오픈 소스 운동은 경험, 지식, 삶의 태도를 함께 나누는 사회를 만들어 가고 있다.

도구 **인스트럭터블 – 오픈 소스로 작품 공유**

본인이 힘들게 만든 작품 만드는 방법을 모두 공개하는 곳이 있다. 인스트럭터블(instructables; www.instructables.com)은 직접 만든 작품의 제작 과정을 모두 오픈 소스로 공유하는 곳이다. 많은 메이커가 여기서 아이디어를 얻고 스타트업을 만들기도 한다.

소프트웨어, 하드웨어, 예술, 공예, 그림, 음식까지 모든 작품의 재료, 작업 과정 및 소스 코드가 공개되어 있다.

무엇을 만들고 싶을 때 그 방법이 막막하다면 인스트럭터블을 방문해 보자. 찾고 싶은 검색어를 입력해 보면 고맙게도 정말 많은 사람이 아무 대가 없이 공개한 작품들을 볼 수 있다. 이런 오픈 소스 운동에 기여하고 직접 참여하고 싶다면 자신이 만든 작품도 인스트럭터블에 게시해 보자!

미션 임파서블 게임
(강선우, 2018, 인스트럭터블)

피지컬 컴퓨팅
- - - - - - - - - - - - - - -

예술에서 피지컬 컴퓨팅 (Scott Snibbe, 2002, Deep Walls, Wikipedia)

컴퓨터로 사물과 상호 동작하며 반응하는 물건을 만드는 기술을 피지컬 컴퓨팅이
라 한다. 실세계에서 아날로그 입력을 디지털로 변환해 모터, 조명, 음향 등 전기
및 기계 장치를 제어하는 기술로 알려져 있다.

피지컬 컴퓨팅은 주로 예술, 제품 디자인, 물리적 현상을 모델하는 분야에서 사용
되는 용어이다. 아두이노는 많이 사용하는 피지컬 컴퓨팅 도구 중 하나이다.

도구 **마이크로 비트- 초등학생도 손쉽게 코딩 가능한 마이크로 컴퓨터**

마이크로 비트(micro:bit)는 영국 BBC, 삼성, 마이크로소프트 등 여러 기업이 손을 잡고 만든 교육용 소형 컴퓨터이다. 마이크로 비트는 피지컬 컴퓨팅부터 게임, 로봇까지 모든 종류의 창작물을 손쉽게 만들 수 있다.

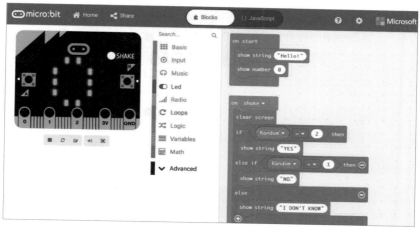

마이크로 비트 (microbit.org)

마이크로 비트는 웹브라우저에서 스크래치와 같은 블록 코딩 방식을 이용해 마우스로 선택하고 조합하는 방식으로 쉽게 코딩할 수 있다. 코딩을 위해 별도 소프트웨어를 설치할 필요가 없다.

마이크로 비트는 가로 4cm, 세로 5cm이며 25개의 LED 전구가 부착되어 있다. 코딩 가능한 좌우 버튼 2개, 기울기 센서, 나침반, 블루투스 무선 통신, 입출력 장치가 내장되어 있음에도 가격은 약 2만원이다. 이런 이유로 마이크로 비트를 사용하는 사람들이 최근 많아지고 있다.

마이크로 비트 웹사이트에서 블록 코딩된 프로그램은 파이썬으로 바로 변환이 가능하고, 반대로 파이썬을 블록 코딩으로 변환할 수 있다.

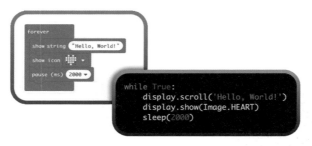

마이크로 비트 블록 코딩 및 파이썬 코드 (makecode.microbit.org)

마이크로 비트 웹사이트에는 다양한 프로젝트를 오픈 소스로 공유하고 있다. 마이크로 비트를 이용하면 간단한 LED 제어부터 로봇, 무선조정 자동차까지 다양한 작품을 손쉽게 만들 수 있다.

마이크로 비트로 만든 프로젝트를 공유하고 있는 모습 (microbit.org/ko/ideas)

마이크로 비트는 초등학생 이상이면 사용 가능하다.

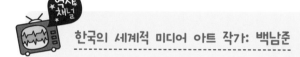

한국의 세계적 미디어 아트 작가: 백남준

1932년에 태어난 백남준 작가는 미디어 아트 작가이다. 백남준은 예술을 전공하였지만 전자 공학에 관심이 많았다.

작품에 대한 이야기를 사람들에게 효과적으로 전달해 주기 위해서 백남준 작가는 큰 노력을 한 사람이다. 그는 전자공학뿐 아니라 사이버 네틱스(cybernetics)와 같은 철학을 공부하고 이를 예술과 융합해 미디어 아트란 영역을 만 든 선구자가 되었다.

참고로 사이버네틱스는 생물체가 자기 스스로 제어하는 원리를 컴퓨터 기계 장치 에 적용하여 연구하는 학문 분야이다. 이 학문은 2차 세계대전 후 유명해졌으며 인공지능과 자동화를 목적으로 한다.

전파상을 연상케 하는 백남준 작가의 작업실

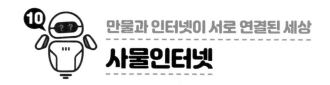

사물인터넷

만물과 인터넷이 서로 연결된 세상

사물인터넷(IoT; Internet of Things)은 작은 컴퓨터나 센서가 인터넷에 연결되어 필요한 정보를 스마트폰과 같은 장치에 전달받거나 반대로 전달해 줄 수 있는 기술이다.

기술이 발달해서 이젠 엄지손톱이나 작은 사물인터넷 장치가 우리가 사는 공간 곳곳에 설치되어 변화를 자동으로 감지할 수 있다. 변화를 감지하기 위해서는 센서(sensor)가 필요하다. 센서는 컴퓨터가 이런 변화를 디지털 데이터로 변환시키는 장치이다.

우리가 살아가는 세상은 물리적 현상이 지배하는 아날로그(analog)의 세상이다. 아날로그 데이터는 컴퓨터에서 이진수 데이터가 아니기 때문에 처리할 수가 없다.

태양이 우리를 비출 때 따뜻함을 느끼고, 바람이 불면 시원함을 느낀다. 지구에는 중력이 있어 올라갈 때는 힘들지만 내려올 때는 그렇지 않다. 장마철에는 높은 습기로 불쾌지수가 올라가고, 미세먼지와 황사가 심한 가을에는 숨쉬기 힘들다.

이 모든 변화는 우리 몸에 있는 감각 세포를 통해 아날로그적으로 느끼는 것이다. 센서는 이런 변화를 컴퓨터가 처리할 수 있는 디지털 데이터로 만든다.

센서는 온도, 습도, 힘, 마찰력, 중력, 자세와 같은 수많은 물리적 현상을 측정해 디지털 데이터 신호(digital data signal)로 변환한다.

우리 몸의 감각 센서

컴퓨터가 있으면 센서에서 데이터를 얻어 여러 가지 계산을 할 수 있다. 계산한 정보로 물리적 현상을 재현할 수 있다.

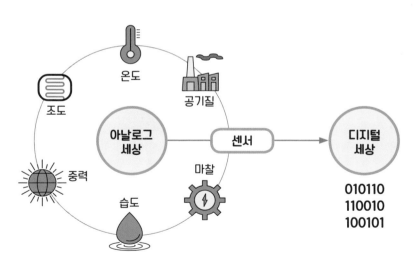

센서 – 실세계 환경 변화를 디지털 값으로 변환하는 장치

예를 들어, 컴퓨터로 제어할 수 있는 모터를 이용해 바람을 만들거나 히터를 이용해 공기를 따듯하게 할 수 있고, 조명을 켜고 *끄*거나 좋아하는 음악을 연주할 수도 있다. 이러한 역할을 하는 장치를 액추에이터(actuator)라고 한다.

스마트홈은 이런 사물인터넷을 이용해 우리를 쾌적하고 편하게 해주는 똑똑한 집이다.

스마트홈

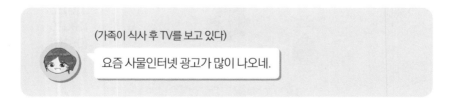

(가족이 식사 후 TV를 보고 있다)

요즘 사물인터넷 광고가 많이 나오네.

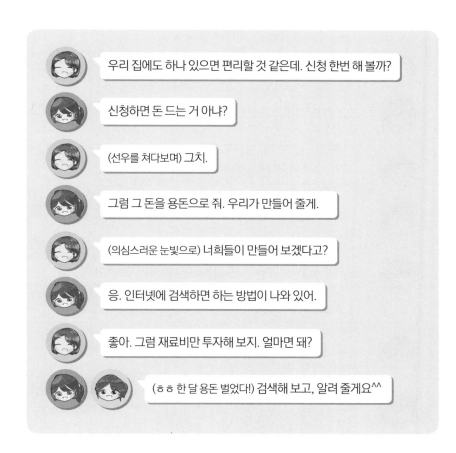

우리 집에도 하나 있으면 편리할 것 같은데. 신청 한번 해 볼까?

신청하면 돈 드는 거 아냐?

(선우를 쳐다보며) 그치.

그럼 그 돈을 용돈으로 줘. 우리가 만들어 줄게.

(의심스러운 눈빛으로) 너희들이 만들어 보겠다고?

응. 인터넷에 검색하면 하는 방법이 나와 있어.

좋아. 그럼 재료비만 투자해 보지. 얼마면 돼?

(ㅎㅎ 한 달 용돈 벌었다!) 검색해 보고, 알려 줄게요^^

사물인터넷은 센서를 사용해 인터넷으로 사물을 조정하거나 환경을 개선한다. 스마트폰을 이용해 인터넷과 연결된 조명, 선풍기, 에어컨, 뮤직 플레이어 등 가전 기구를 제어하거나 커튼을 올리고 내릴 수 있다. 혹은, 위험한 상황이 발생했을 때 센서가 감지해 스마트폰으로 알려줄 수도 있다.

언니, 엄마가 뭘 만들어 달랬어?

 모든 가전기기를 스마트폰으로 제어하게 해 달래. 목소리로 명령하면 되도록.

 그거 어려운 거 아냐?

 인스트럭터블 같은 웹사이트에 검색하면 이미 오픈 소스로 많이 나와 있어.

 센서와 연결되는 아두이노란 컴퓨터를 사용하면 재료비가 얼마 들지 않아. 인터넷에서 6~7천 원 정도면 살 수 있어. WiFi같이 무선으로 통신할 수 있는 부품이 있어. 연결하고 약간만 코딩하면 되지.

 (야호! 비싸게 생각했던 재료비 굳었다!) 센서나 모터를 제어하는 코딩은 어떻게 할 거야?

 부품을 만드는 회사나 메이커들이 부품을 사용하는 예제를 오픈 소스로 모두 인터넷에 공개해 놓았기 때문에 그것을 보고, 공부하고 따라 하면 돼. 열정과 근성만 있으면 할 수 있어^^

 오~ 열정과 근성!

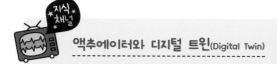

액추에이터와 디지털 트윈(Digital Twin)

힘을 재현해 주는 모터뿐 아니라 빛을 만들어 주는 램프, 공간을 따뜻하게 만들어 주는 난방기, 스위치를 켜고 끄는 장치들을 모두 액추에이터라 말한다.

액추에이터는 모두 힘, 압력, 빛, 소리와 같은 물리적 현상을 만들어 낼 때 사용하며, 전자 부품 상가나 인터넷 사이트에서 손쉽게 구할 수 있다.

센서를 이용하면 물리적인 아날로그 세계에서 센서를 통해 데이터를 취득하고 이를 아두이노와 같은 컴퓨터에서 실행되는 소프트웨어가 계산하여 사용자가 원하는 물리적 환경을 액추에이터가 재현한다.

즉, 소프트웨어와 디지털 데이터로 만든 가상공간이 실제 세상과 연결되어 상호 동작하게 할 수 있다. 이를 디지털 트윈이라 말한다. 다음 그림은 이러한 상황을 설명한 것이다.

디지털 트윈과 가상-현실 간 상호 동작

디지털 트윈은 크게 복잡한 기술은 아니다. 앞에서 예를 든 스마트커튼처럼 센서를 이용해 실세계 데이터를 컴퓨터 안의 가상 디지털 세계로 가져올 수 있고, 데이터를 가공하여, 반대로 액추에이터에 전달해 현실세계를 변화시킬 수 있다.

다음 그림은 그 과정을 간단히 순서도로 보여준 것이다.

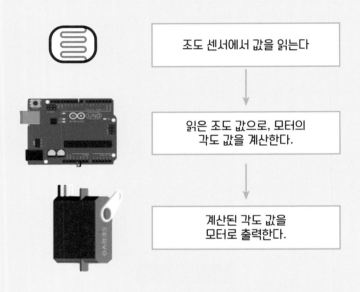

센서와 액추에이터를 이용한 간단한 디지털 트윈

디지털 트윈은 센서, 액추에이터, 컴퓨터와 코딩으로 만든 알고리즘과 데이터로 구성되어 있다. 우리는 알게 모르게 이미 디지털 트윈 세상 속에 살고 있다. 컴퓨터로 실행되는 산업용 로봇, 안드로이드형 로봇뿐 아니라, 에어컨, 세탁기와 같은 가전제품에도 이러한 알고리즘이 코딩되어 우리의 삶을 편리하게 하고 있다.

다음은 간단한 에어컨 알고리즘의 예이다.

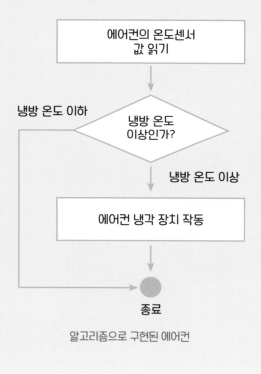

알고리즘으로 구현된 에어컨

DIY 스마트홈

우리들의 일상 공간을 최신의 첨단 기술을 적용해 생활한다는 것은 참으로 흥미롭고 재미있는 일이다. 우리가 사는 집, 빌딩과 같은 공간이 우리를 인식하고, 우리가 필요한 환경을 서비스해 준다면 공간과 교감하는 듯한 느낌을 받을 것이다. 스마트홈은 우리가 사는 공간을 쾌적하고 행복하게 만들어주는 똑똑한 서비스를 제공하는 집이다.

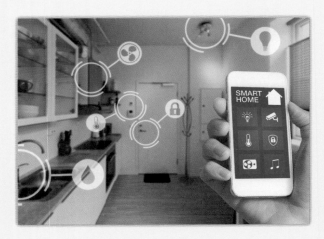

스마트홈

스마트홈은 스마트폰으로 학교나 직장에서 거실 전등을 끈다든지, 귀가하기 전에 난방을 켜고 온수를 데워 놓는다든지, 귀가하면 분위기 좋은 음악을 알아서 들려 준다.

간단한 스마트홈은 아두이노 같은 오픈 소스를 이용해 저렴한 비용으로 직접 만들 수 있다.

처음으로 스마트홈을 구현해 보고자 한다면 스마트조명같이 단순한 것부터 만들어 보는 것이 좋다. 인스트럭터블 홈페이지(www.instructables.com)에서 검색하면 다양한 스마트램프 오픈 소스를 찾아볼 수 있다.

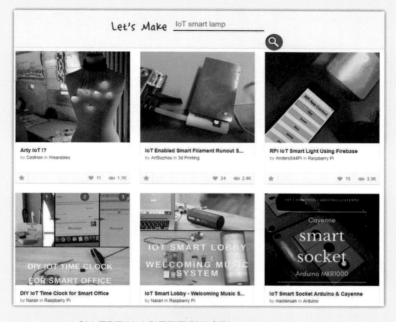

인스트럭터블 스마트램프 검색 화면 (www.instructables.com)

스마트빌딩

스마트빌딩은 건물을 똑똑하게 관리하기 위해 최첨단 기술을 활용한 건물을 말한다. 스마트빌딩은 스마트홈과 매우 비슷한 기술이지만, 수많은 사람이 함께 공간을 사용한다는 점에서 좀 더 강력한 안전, 재난, 보안 서비스가 제공된다. 스마트빌딩은 스마트시티나 스마트캠퍼스의 중요한 구성 요소이다.

스마트빌딩에서 제공하는 서비스는 공간 관리, 건물 안전, 출입 직원 관리, 재난 관리, 통신 네트워크, 사용자 서비스, 시설물 관리, 주차, 에너지 관리 등이다.

스마트빌딩에 대한 개념은 1980년대 초에 생겨났다. 1984년, New York Times에서 부동산 개발 전문가는 "스스로 사고할 수 있는 차세대 빌딩을 지능형 빌딩이라 한다."라고 스마트빌딩을 설명했다.

스마트빌딩은 벽체와 천장에 센서를 설치하고, 건물의 성능 및 활용도를 측정해 사람들이 일하고 생활하기 편리한 환경을 자율적으로 조정한다. 이러한 이유로 사물인터넷과 인공지능 기술이 핵심적으로 사용된다.

스마트빌딩은 보안, 안전, 환경에 대한 실시간 정보가 거주자 및 관리자에게 제공되고 전력 에너지는 자동으로 관리되며, 공간 정보는 부동산 자산 관리를 위해 활용된다.

도구1 아두이노
- 사물인터넷 개발이 편리한 저렴한 손바닥 컴퓨터

아두이노는 이탈리아 IDII(Interaction Design Institute Ivrea)에서 개발한 소형 컴퓨터이다. 아두이노를 잘 이용하면 우리가 사는 물리적인 세계와 디지털 세계를 효과적으로 연결할 수 있다.

아두이노는 2005년 이탈리아에서 활동하던 인터랙션 디자이너인 마시모 밴지(Massimo Banzi)와 다비드 쿠아르티에예스(David Cuartielles)에 의해 개발이 시작되었다. 아두이노 회로 설계는 오픈 소스로 공개되었으며, 사용이 기존 방식보다 편리하고 가격도 저렴해서 급속히 세계로 퍼져 나갔다. 가격은 만 원 이하이다.

아두이노를 개발한 곳에서 만든 웹사이트에서는 아두이노 컴퓨터와 이를

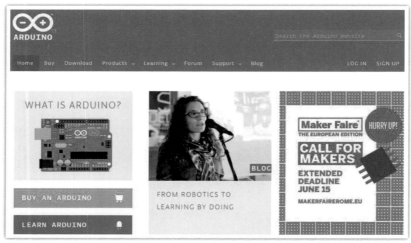

아두이노 웹사이트 (www.arduino.cc)

실행할 수 있는 다양한 소프트웨어와 예제를 무료로 제공하고 있다.

아두이노를 사용하면 동작하고 움직이고 말하는 작품을 만들 수 있다. 예를 들어, 작품에 "안녕"이라고 말할 때 음악, 소리, 동작하게 만들고 싶은 경우에 아두이노를 사용하면 쉽게 해결된다.

아두이노 관련 사이트에 들어가면 이런 프로젝트들에 대한 작업 방법 등을 얻을 수 있다. 많은 아두이노 프로젝트가 오픈 소스이며, 이를 잘 활용하면 좀 더 쉽게 코딩할 수 있다.

아두이노는 여러 제품이 있다. 용도에 따라 아두이노 우노(Uno), 아두이노 메가

아두이노 제품 중 가장 많이 사용하고 있는 아두이노 우노 (Wikipedia)

(Mega), 아두이노 나노(Nano) 등을 사용할 수 있다.

아두이노는 두뇌의 역할을 하는 마이크로 컨트롤러(micro controller), 코딩한 코드(code)와 데이터를 저장할 수 있는 메모리(memory), 센서값을 입력받을 수 있는 아날로그 입력 핀(pin), 액추에이터 등에 디지털 값을 출력할 수 있는 출력 핀 등을 지원한다.

아두이노와 센서, 모터를 연결하여 전자회로를 만들 수 있다. 아두이노 우노는 동작 전압이 5V(볼트)이고, 5V에서 동작하는 센서 같은 전자부품이 많아 작품을 만드는 데 그리 어렵지는 않은 편이다. 아두이노는 사용이 쉽고 저렴하기 때문에 스타트업 시작품 개발 시 많이 사용된다.

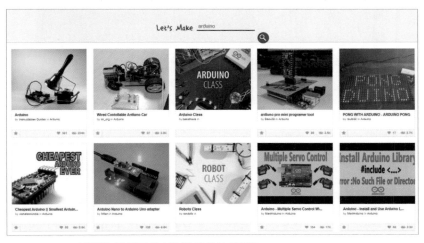

아두이노로 만든 종소리 벨, 자동차, 전광판 (www.instructables.com)

라즈베리파이 - 사물인터넷 개발이 가능한 강력한 손바닥 컴퓨터

아두이노 이외에 쉽게 사용할 수 있는 소형 컴퓨터는 라즈베리파이 (Raspberry Pi; RPi)가 있다. 영국 라즈베리파이 재단에서 개발한 이 컴퓨터는 개발 도상국과 같이 기본적인 컴퓨터 교육이 어려운 곳에서 사용할 수 있도록 개발되었다.

이 제품은 영국에서 가장 많이 팔린 컴퓨터로 2015년에만 600만 개가 팔렸다. 이 제품은 아두이노와 함께 세계에서 가장 성공한 소형 컴퓨터이다.

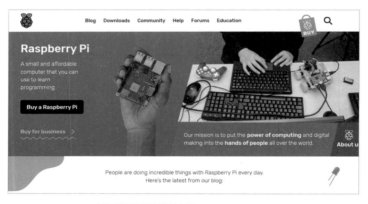

라즈베리파이 웹사이트 (www.raspberrypi.org)

라즈베리파이는 아두이노보다 더 좋은 성능의 CPU가 장착되어 있다. 리눅스 같은 기능 많은 운영체제, 로봇, 비전(vision; 카메라에서 사물을 인식하는 기술), 인공지능 라이브러리 등을 설치해 코딩할 수 있다.

가격도 최근 많이 저렴해져 몇만 원대가 되었고, 5달러짜리 소형 라즈베리파이 제로도 있어 부담 없이 작품을 만들 수 있다.

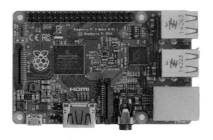

(www.raspberrypi.org)

(www.raspberrypi-spy.co.uk)

라즈베리파이와 제로 보드

라즈베리파이도 아두이노와 마찬가지로 많은 작품 메이크 소스와 과정이
인터넷에 공개되어 있다. 누구나 쉽게 따라 할 수 있도록 코딩 환경이 갖춰
져 있으며, 어린이 블록 코딩으로 유명한 스크래치(Scratch)를 사용하기
쉽다.

라즈베리파이로 만든 로봇, 아케이드 게임, 녹음기 등 (www.instructables.com)

도구3 피지컬 컴퓨팅 교육용 도구

아두이노나 라즈베리파이는 코딩이 필요하지만 몇몇 피지컬 컴퓨팅 도구는 코딩 없이 기술을 경험할 수 있다. 여기서는 유명한 것 몇 개를 소개한다.

① 메이키메이키

메이키메이키(makey makey)는 모든 것을 스위치로 만들어 사물과 반응하는 작품을 만들 수 있다. 제품 개발사 웹사이트에 들어가 보면, 이런 간단한 원리로 멋진 작품을 만들 수 있다는 것에 놀라움이 앞설 것이다.

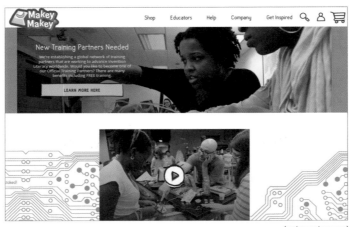

메이키 메이키 모든 사물에 스위치를 연결할 수 있다   (makeymakey.com)

② 서킷 스크라이브

서킷 스크라이브(Circuit Scribe)는 종이에 그리는 전자회로이다. 전자잉

서킷 스크라이브 종이에 그리는 전자 회로

(www.circuitscribe.com)

크로 전자회로를 그리고, 그 사이에 전구, 스위치, 모터를 놓는 식으로 회로를 쉽게 만들 수 있다. 아이들이 쉽게 전자회로 원리를 이해하는 데 매우 좋은 도구이다.

서킷 스크라이브를 이용한 작품 중에는 스마트램프, 스마트홈과 같은 것들이 많다. 작품의 제작 과정은 모두 홈페이지에 공개되어 있다.

❸ 리틀비츠

리틀비츠(littleBits)는 레고블록처럼 매우 쉽게 피지컬 컴퓨팅 작품을 만들 수 있다. 리틀비츠는 전자회로 원리를 몰라도 저절로 달라붙는 모듈을 사용하여 손쉽게 움직이고 반응하는 작품을 만들 수 있다.

여성 공학자 아이어 비데어(Ayah Bdeir)가 발명하고 스타트업으로 창업한 리틀비츠는 TED에도 소개된 만큼 유명하다. 전 세계적으로 많은 리틀비

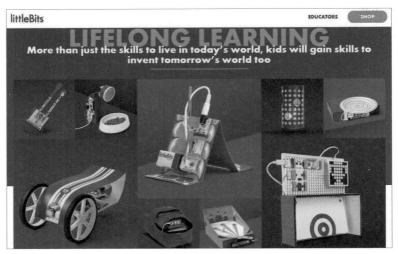

리틀비츠 레고처럼 손쉽게 만드는 피지컬 컴퓨팅 작품 개발 도구 (littlebits.com)

츠 커뮤니티가 있고, 매년 본사에서는 해커톤 등 다양한 행사를 진행하고 있다.

앞에서 소개한 제품 개발사는 사용 방법이나 예제를 웹사이트에 공개하고 있어, 따라 하는 데 그리 어렵지 않다. 실제 많은 전 세계 아이들이 이를 이용해 작품을 만들고 있고, 만든 작품을 공개하고 있다. 유명한 제품인 만큼 예제가 다양하고 매우 많다.

참고로 해커톤은 해킹(hacking)과 마라톤(marathon)의 합성어로, 일정 기간 내에 팀을 구성하여 문제를 해결할 아이디어를 도출하고 이를 바탕으로 앱과 같은 해결책을 만들어 내는 행사이다. 구글, 페이스북 등 유명 회사가 개발자 구인이나 제품 개발을 위해 해커톤 행사를 하면서 유명해졌다.

프리징 - 쉬운 전자회로 디자인 도구

피지컬 컴퓨팅을 할 때 회로도를 디자인해야 할 때가 있다. 프리징 (fritzing) 프로그램을 사용하면, 쉽게 회로 디자인 할 수 있다. 디자인된 회로는 바로 PCB(printed circuit board) 인쇄회로기판으로 만들 수 있다. 개발사 홈페이지는 프리징으로 디자인한 수많은 전자회로 프로젝트를 공유하고 있다. 그중에는 로봇, 모터 제어, 슬롯머신, 고양이 집 등 다양한 회로 설계도가 모두 공개되어 있어, 따라 하면서 만들기에 어렵지 않다.

프리징(fritzing)
손쉽게 설계하는
전자회로 디자인 도구
(fritzing.org)

프리징 홈페이지에 공개된 전자회로 (fritzing.org)

도구 5 circuito.io 와 DCACLab - 전자회로 동작 시뮬레이터

circuito.io는 전자회로를 설계하고 어떻게 동작하는지 확인해 보고 싶을 때 사용하는 프로그램이다. 실제 부품을 드래그 & 드롭(drag & drop)하면 회로가 자동으로 설계되고, 동작 소스 코드가 자동으로 생성된다. 이를 이용해 전자회로가 제대로 동작되는지 시뮬레이션할 수 있다. circuito.io는 아두이노와 같은 유명한 전자부품을 지원하고 설계된 전자회로를 공유할 수 있다.

이외에, 전자회로 설계와 시뮬레이션을 지원하는 DCACLab가 있다. 이 프로그램은 전류 흐름 등 전자회로 동작을 직관적으로 보여주기 때문에, 회로 동작 방법을 이해하기 쉽다.

이러한 도구는 오픈 소스를 바탕으로 한 것이 많다. 개발사 웹사이트나 유튜브 등에 수많은 예제가 올려져 있어 따라 하기 쉽다.

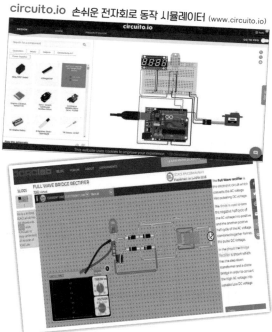

circuito.io 손쉬운 전자회로 동작 시뮬레이터 (www.circuito.io)

DCACLab
눈으로 동작을 확인하는 전자회로 설계 프로그램 (dcaclab.com)

가상현실

손쉽게 만들고 경험하는 디지털 공간

영화 레디 플레이어 원

(Ready Player One, 2018, 워너 브러더스)

가상 현실(VR; Virtual Reality)은 디지털 세계를 현실처럼 느끼게 하는 몰입 기술이다. 요즘 가상 현실을 체험하기 위해서 영화 레디 플레이어 원(Ready Player One, 2018)처럼 컴퓨터 디스플레이 장치가 부착된 장치를 쓴다. 참고로, 이건 가상 현실 기술 중 하나일 뿐이다.

그 반대로, 가상의 디지털 세계를 현실에 겹쳐 옮겨놓는 기술이 증강 현실(AR; Augmented Reality)이다. 그리고 이 둘을 결합하면 혼합 현실(MR; Mixed Reality)이 된다. 가상 세계를 몰입하는 기술은 다양할 수 있다. 사실, 이 분야는 영화 매트릭스(The Matrix, 1999)처럼 뇌가 세상을 인지하는 메커니즘과 밀접한 관계가 있다.

가상 현실로 무엇을 할 수 있을까? 가상 현실을 이용하면 현실에서 불가능하거나 위험한 것 등을 해 볼 수 있다. 가상 현실에서 자신이 원하는 집을 짓거나, 심지어는 도시와 우주를 만들 수도 있다.

(www.flickr.com)

가상 현실에서 만들어진 시장에 물건을 살 수도 있고, 만든 물건을 팔 수도
있다. 여러분이 마인크래프트, 심시티(Sim City)와 같은 게임을 해 보았다
면, 가상 현실은 손쉽게 이해할 수 있을 것이다. 가상 현실 기술은 앞으로
현실과 가상이 구분되지 않는 수준까지 발전할 것으로 예상된다.

얼마 전 고시원에서 큰불이 났대.

사람들 많이 다쳤데?

응. 고시원 내부 구조가 너무 복잡했던 것 같아.

언니, 불이 날 때 위험한 건물을 미리 알 수 없을까?

가상 현실로 시뮬레이션해 보면 돼.

 가상 현실?

 가상 현실은 말 그대로 가상 공간에 현실을 집어넣을 수 있어.

 헉! 그게 가능해?

 당연하지!

 그럼, 건물을 통째로 넣을 수도 있겠네.

 건물뿐만 아니라 도시, 우주도 넣을 수 있어. 어차피 디지털로 설계만 할 수 있다면 무엇이든 가능해. 약간만 코딩하면, 내가 디자인한 가상 공간을 걷거나 날아다닐 수도 있지.

 와~ 그럼 나도 만들 수 있는 거야?

 당연하지. 네가 하던 스크래치와 비슷하게 가상 현실을 개발할 수 있는 CoSpaces란 도구도 있고, 유니티 같은 게임 개발도구도 있어.

사용법이 인터넷이나 유튜브에 나와 있어 따라 하기 어렵지 않아.

 ㅇㅋ 그럼 나도 해 봐야겠네!

사실, 가상 현실을 만드는 도구는 모두 오픈 소스와 같이 공개되어 있거나 무료로 사용할 수 있어 사용이 어렵지 않다.

가상 현실을 만들기 위해서는 우선 컴퓨터로 디자인 도구를 사용해 가상 공간을 디자인해야 한다. 이때 스케치업과 같은 캐드 도구를 사용하면 편하게 디자인할 수 있다.

디자인된 것을 디지털 모델(model)이라고 하는데, 인터넷에 많은 디지털 모델이 공유되어 있어 다운로드 받아 사용하기에 어렵지 않다.

모델이 만들어진 후, 특정 이벤트(event; 사건)가 발생했을 때 동작하는 코딩을 하면, 완벽한 가상 현실 프로그램이 만들어진다. 이땐 보통 게임 개발에 많이 사용되는 게임 엔진(engine)을 사용한다. 게임 엔진으로는 유니티(unity)나 언리얼(UNREAL)이 유명하다. 이 프로그램은 상업적 목적으로 사용하지 않을 때는 무료이다.

가상 현실로 체험하는 화재 시뮬레이터

무엇을 만들기 전에 가상 현실로 확인할 수 있다면, 어떤 점이 좋을까? 예를 들면, 가상 현실에서 내가 살고 싶은 집을 체험해 볼 수 있다. 만약 계획 없이 집을 지은 후, 마음에 들지 않는다면 가족들은 매우 실망할 것이다. 살고 싶은 집 몇 개를 컴퓨터로 디자인하고, 가상 현실 속에 집을 둘 수 있다면 좋은 점이 많다. 예를 들어,

- 집을 짓지 않아도 가구 등을 배치해 볼 수 있다.
- 집의 채광이나 공간 등 환경적인 부분을 미리 확인할 수 있다.
- 집 안팎을 다닐 때 사람이 쾌적하게 다닐 수 있는지 확인할 수 있다.
- 집을 짓기 전에 경험 있는 사람들의 좋은 의견을 사전에 구할 수 있다.
- 정확한 치수가 있으니, 집을 잘 짓는 사람에게 집 짓기를 부탁할 수 있다.
- 실제, 얼마의 돈으로 내가 살고 싶은 집을 지을 수 있는지 알 수 있다.
- 집을 지은 후 수리할 때, 재건축할 때, 파이프가 어디를 지나고 있고, 기둥이 어디에 있는지 쉽게 알 수 있다.

실제로 집을 지으면서 이런 고민을 하게 되면 수많은 시행착오가 발생할 수 있다. 하지만 가상 공간에서 컴퓨터로 해 보는 디자인은 짧은 시간을 활용하여 우리가 상상하는 것을 미리 그려 보고 만들어 볼 수 있다.
그렇다면, 이러한 기술을 이용해서 또 다른 어떤 것을 할 수 있을까?

사례 1 **가상 현실**(VR: Virtual Reality)**의 시초**

가상 현실은 인공적인 컴퓨터 그래픽 기술로 만들어낸 실제와 유사한 환경이다. 1968년 하버드대학 이반 서덜랜드 교수(Ivan Sutherland)에 의해 고안된 HMD(Head Mounted Display; 헤드 마운티드 디스플레이)가 최초의 가상 현실 시스템이다. 이반 서덜랜드는 1965년 'The Ultimate Display' 란 기고문에서 다음과 같이 말했다.

"이 디스플레이는 컴퓨터 내부에서 물체를 제어할 수 있는 방과 같은 공간이 될 것이다. (중략) 이러한 디스플레이를 통해서 사용자는 이상한 나라의 앨리스가 될 수 있다."

그렇다. 가상 현실에서는 누구나 앨리스가 될 수 있다.

(researchgate.net)

초기 가상 현실 장치

(time.graphics)

(이반 서덜랜드, 1968, A head-mounted three dimensional display)

컴퓨터 그래픽스의 선구자 이반 서덜랜드

이반 서덜랜드는 가상 현실뿐 아니라 컴퓨터 그래픽스란 영역을 세계 최초로 개척한 과학자로 유명하다. 1960대에 이미 3차원 모델을 컴퓨터로 구현하는 기술을 연구했고, 연필과 자 대신에 컴퓨터로 설계하는 CAD(Computer Aided Design)를 발명했다.

(biksimg.pw)

스케치 패드라 불리는 CAD 기술은 1963년 MIT대학 박사 학위 논문을 위해 개발한 것이다. 스케치 패드는 세계 최초의 그래픽 사용자 인터페이스이다. 그 당시에는 매우 혁신적인 기술이었다.

그는 이 기술을 발전시켜 컴퓨터 그래픽스 관련 회사를 만들고 지원하기도 하였다. 이런 그의 노력은 어도비 시스템즈, 실리콘 그래픽스, 썬 마이크로시스템즈와 같은 회사에 매우 큰 영향을 주었다.

요즘 우리가 사용하는 대부분의 그래픽 사용자 인터페이스, 3차원 컴퓨터 애니메이션 기술은 이반 서덜랜드의 유산이다. 그는 이러한 공로를 인정받아 1988년 튜링상을 수상했다.

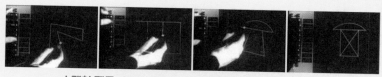

스케치 패드 최초의 컴퓨터 그래픽 인터페이스 (이반 서덜랜드, 1963) (wikipedia)

사례 2 **증강 현실**(AR: Augmented Reality)

증강 현실은 디지털 정보를 현실 세계와
합성하여 원래 환경에 존재하는 사물처
럼 보이도록 하는 컴퓨터 그래픽 기법
이다. 증강 현실은 이미 실용화된 기술
이다. 예를 들어, 스마트폰에서 증강 현
실 앱을 검색해 사용할 수 있다.

증강 현실을 이용하면, 힘들지 않게 사고
싶은 가구를 거실에 옮겨 놓을 수도 있고,

이케아의 증강 현실 가구 배치 앱
(IKEA, 2017)

내가 살고 싶은 장소에 집을 골라서 가상으로 지어본 후 주변 경관과 잘 어
울리는지 볼 수 있다. 세계적인 가구 제조업체 이케아는 이미 증강 현실 앱
을 개발해 앱스토어에 무료로 제공하고 있다. 이처럼 증강 현실은 실세계
에 가상 디지털 사물을 올려놓기 때문에, 주변 환경에 맞는 디지털 정보를
직관적으로 겹쳐 놓는 효과가 있다.

혼합 현실은 가상 현실과 증강 현실을 합친 것과 비슷하다. 혼합 현실은 마이크로소프트에서 홀로렌즈(HoloLens)란 기술을 발표하였을 때 함께 나온 개념이다.

홀로렌즈는 아이언맨처럼 눈앞에 있는 글래스를 통해 디지털 정보를 볼 수 있다. 이때 실세계 정보를 실시간으로 처리하여 필요한 정보나 사물을 표시해 준다. 이런 이유로, 실세계 정보를 인식하는 데 필요한 소형 컴퓨터가 내장되어 있으며, 표시에 필요한 정보를 무선 인터넷으로 얻는다. 참고로, 증강 현실의 경우 실세계 주변 정보를 실시간으로 인식하지는 않는다. 홀로렌즈와 같은 혼합 현실 장치의 무게와 가격은 점차 낮아지고 있으며, 최근에는 미국 국방성에서 이 기술을 사용한 스마트솔저를 개발하고 있다.

홀로렌즈를 이용한 혼합 현실

CoSpaces
손쉬운 가상 현실 코딩 도구

CoSpaces는 가상 현실 공간을 만드는 도구이다. 스크래치와 비슷한 블록 코딩 언어를 이용해 가상의 공간에서 객체를 만들고, 이벤트에 따라 동작하는 게임을 만들 수 있다.

CoSpaces의 블록 코딩은 구글에서 개발한 Blockly란 컴퓨터 언어를 이용한다. 단순히 가상 공간의 사람, 집, 자동차와 같은 객체를 선택하고 이름(tag)을 입력하면 코딩을 통해 조종할 수 있다.

키보드 입력이나 마우스 이동과 같은 이벤트가 발생하면, 특정 객체를 움직이거나 반응하는 방식으로 코딩할 수 있다. 만약 스크래치라는 코딩 도구를 사용한다면, 가상 현실 코딩이 그리 어렵지는 않을 것이다.

CoSpaces 가상 현실을 손쉽게 코딩하는 도구 (cospaces.io)

CoSpaces의 Blockly 언어를
이용한 코딩 (cospaces.io)

Google Cardboard
가격에 대한 부담 없이
간단하고 재미있게 가상 현실을 체험하세요

구글 카드보드 (vr.google.com)

CoSpaces로 코딩한 프로그램은 자동으로 가상 현실, 증강 현실, 360 파
노라마로 게임을 할 수 있다.

본인이 사용하는 스마트폰과 구글 카드보드(Google Cardboard)와 같은
헤드 마운티드 디스플레이(HMD; Head Mounted Display)를 이용하면, 만
원 이하로 가상 현실을 체험할 수 있다.

도구 2 스케치업(SketchUp)
손쉽게 디자인하는 3차원 모델링 프로그램

가상 세계에 도시나 우주를 건설하려면 적당한 디자인 도구가 필요할 것
이다. 스케치업(SketchUp; sketchup.com)은 구글에서 개발한 3차원 디자
인 소프트웨어다. 많은 건축가가 실제로 활용하고 있을 만큼 전문적인 디
자인을 할 수 있다. 어린이들이 사용할 수 있을 만큼 매우 쉽다.

2차원 도면을 통한 디자인   스케치업으로 디자인한 집

교육용 버전은 무료이다. 디자인은 실제로 무엇을 만들어 보기 전에 가상으로 그려 보고, 정확한 치수나 재료를 정의하는 과정이다. 예전에는 2차원으로 도면을 그렸지만, 최근에는 3차원으로 설계를 많이 한다. 스케치업에서 디자인한 3차원 모형은 3D프린터로도 출력할 수 있다.

도구3 팅커캐드(Tinkercad)
쉽게 따라 하는 디자인 소프트웨어

팅커캐드는 어린이도 쉽게 디자인을 할 수 있는 온라인 캐드(CAD) 소프트웨어이다. 원래 캐드는 매우 비싸고 배우기 어렵지만, 팅커캐드는 인터넷만 있으면 어린이도 온라인으로 쉽게 디자인할 수 있다.

이 소프트웨어는 캐드 소프트웨어 개발사로 가장 유명한 오토데스크(Autodesk)에서 개발했다. 팅커캐드 홈페이지에서 가입하면 무료로 사용할 수 있다.

팅커캐드 사용 방법은 매우 단
순한데, 모양을 선택해 더하
고 빼는 방식으로 다양한 모형
을 만들 수 있다. 팅커캐드는
3차원 모형 디자인이 편리해
3D 프린팅을 할 때 많이 사용

팅커캐드 홈페이지 (www.tinkercad.com)

한다. 참고로, 3D 프린팅을 할 때 필요한 모형은 STL 파일(3차원 데이터를
표현하는 국제 표준 형식 중 하나로 대부분의 3D프린터에서 입력 파일로 많이 사
용)에 담기는데, 팅커캐드는 이 STL 파일을 자동으로 만들어 준다.
팅커캐드 커뮤니티 갤러리에는 수많은 3차원 모형이 공유되어 있어, 모형
의 STL 파일을 다운로드한 후 바로 3D프린팅해 볼 수 있다.

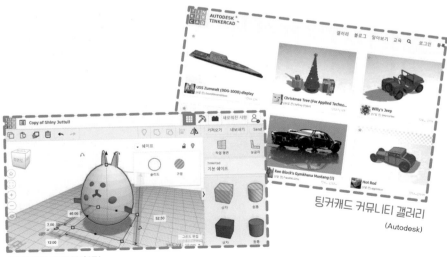

팅커캐드 커뮤니티 갤러리

(Autodesk)

팅커캐드 디자인 화면

도구 4 **싱기버스**(Thingiverse)
무료 3차원 가상 모형 공유 사이트

컴퓨터 디자인으로 잘 만들어 놓은 모형을 그냥 가져다 쓸 수 있다면 얼마나 편리할까? 싱기버스는 디자인 모형 공유 사이트이다. 무료로 모형을 다운로드할 수 있을 뿐 아니라, 3D프린트용 파일도 함께 얻을 수 있다. 작은 소품부터 집, 비행기, 우주선, 행성까지 수많은 가상 모형을 다운로드할 수 있다.

특히, 마니아들이 만든 영화 소품들은 정밀하게 디자인되어 있어 직접 만드는 것보다 많은 시간을 아낄 수 있다.

다운로드 한 모형은 표준 파일 형식이므로 스케치업과 같은 디자인 프로그램에서도 편집할 수 있고, 유니티와 같은 게임 및 가상 현실 프로그램에서도 그대로 사용할 수 있어 쓸모가 많다.

싱기버스 사이트 (www.thingiverse.com)

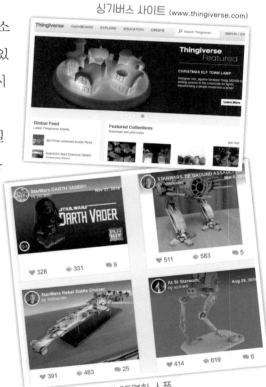

싱기버스에서 검색된 SF영화 소품

152

도구 5 **유니티**(unity)
무료 게임 및 가상 현실 개발 도구

2000년대부터 게임 개발 기술은 급
속히 발전했다. 그래픽은 현실적으로
발전했고, 직접 코딩하지 않고 드래
그 & 드롭만으로 간단한 게임은 개
발할 수 있게 되었다.

유니티 웹사이트 (unity.com)

유니티는 게임을 만드는 도구로 교육
용으로 사용할 경우 무료이다. 언리
얼(UNREAL)과 함께 전 세계 게임 개발자가 가장 많이 사용하는 게임 개발
도구 중 하나이다.

유니티는 개발된 게임을 몇 번의 설정만으로 PC버전, 스마트폰 버전 등으
로 만들어 낼 수 있다. 유니티는 가상 공간에서 중력과 같은 물리 법칙을
구현하고 있으며, 인공지능 기능도 지원하고 있어 현실적인 가상 현실을
만들 수 있다.

유니티로 만든 영화 (Siggraph 2018, unity)

유니티 어셋스토어(unity)

유니티 제공 영화 제작 기본 예제 프로젝트
(Mike Wuetherick, 2018.10, Film Sample Project, unity)

최근에는 유니티의 발전된 그래픽과 애니메이션 기능을 이용해 실제 영화를 만드는 회사도 생겨났다.

유니티는 개발자가 미리 만들어 놓은 게임 프로그램을 쉽게 판매할 수 있는 어셋스토어(asset store)를 제공한다. 어셋스토어를 이용하면 손쉽게 간단한 2차원, 3차원 게임을 개발할 수 있다. 물론, 본인이 만든 게임도 어셋스토어에 업로드해서 돈을 벌 수 있다.

유니티는 교육용 영상이나 예제가 많아서 따라 만들기에 좋다. 또한 유니티에서 제공하는 게임, 가상 현실, 영화, 건축 디자인 등 기본 예제를 이용해 콘텐츠를 쉽게 개발할 수 있다. 유명한 개발 도구인 만큼 유튜브나 구글에서도 유용한 자료가 많다. 유니티는 엔터테인먼트 콘텐츠 개발 도구로 발전하고 있다.

세상 모든 정보가 내 손 안에
앱과 인터넷

요즘엔 스마트폰에 있는 앱으로 모든 일을 처리하는 세상이다. 스마트폰에 있는 구글이나 이메일 같은 앱은 인터넷에 연결해 나에게 필요한 정보를 알려 주거나 일정을 공유하고, 약속을 자동으로 알려 준다. 이렇듯 우리는 알게 모르게 인터넷을 숨 쉬는 공기처럼 사용하고 있다.

주말이다. 거실에서 연수와 아빠가 컴퓨터를 하고 있다.

 (큰 소리로) 아빠~ 숙제를 해야 하는데, 모르는 것이 있어!

(인터넷으로 일하는 중인 아빠)

 얼마 전에 미세먼지가 많다고 뉴스에 나왔잖아. 학교에서 미세먼지가 옛날보다 얼마나 더 안 좋아지고 있는지 조사해 오래.

 (뒤돌아보며) 인터넷에 보면 나와. 구글링해 봐.

 구글링해도 원하는 자료가 잘 안 나와. (T.T)

(무심하게) 검색어는 어떤 것 입력했어?

 '미세먼지'라고 입력했지!

 그럼 '미세먼지'와 '통계'라고 입력해 봐.

구글에서 미세먼지 국가통계 정보가 검색되었다.

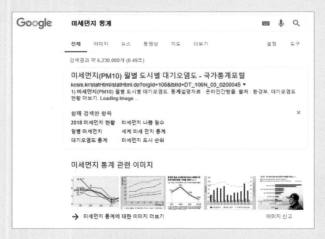

구글 검색 결과 (Google)

 오~ 바로 이거야!

 검색어를 잘 입력하면 무엇이든 찾을 수 있어.
굳이 도서관에 갈 필요도 없지.

(끄덕끄덕)

스마트폰에 설치된 앱 중에 유튜브, 팟캐스트, 이메일, 번역기도 인터넷과 연결되어 있어. 이런 앱은 사람들의 생활을 편리하게 해. 그만큼 개발자도 돈을 벌고 있지.

(눈이 빛나며) 앱 개발하는 거 어려워?

앱 인벤터 같은 코딩 도구가 나와서 지금은 그리 어렵지 않아.

아~ 앱 인벤터! 유튜브에서 보고 따라 했었어. 별로 어렵지 않던데. 스크래치하고 비슷했어.

그렇지! 지금은 누구나 인터넷을 이용해 편리한 서비스를 만들 수 있는 시대야.

우리가 인터넷을 사용할 때 어떤 일이 일어나는지 한 번 확인해 보자. 보통 우리가 인터넷을 사용할 때는 원하는 정보를 얻고 싶을 때이다. 크롬과 같이 인터넷을 항해할 수 있는 프로그램을 실행해서 구글(google)이나 네이버(NAVER)같이 검색 기능을 제공하는 웹사이트에 접속한다. 접속된 웹사이트는 사용자가 기능을 이용할 수 있도록 검색 화면을 제공한다. 검색 화면은 미리 검색 웹사이트 개발자가 코딩한 HTML (HyperText

Markup Language), CSS(Cascading Style Sheets), JavaScript, 자료 파일 등을 이용해 만들어진다.

이 파일들은 웹사이트 디자인 및 실행 파일을 관리하는 웹서버 컴퓨터에 저장되어 있다.

인터넷은 전형적으로 사용자 컴퓨터가 서비스를 요청하면, 서비스를 제공하는 서버가 응답하는 구조이

HTML, CSS, JavaScript로 구성된 웹사이트

다. 이 구조를 클라이언트 서버 구조라 한다.

요즘에는 클라이언트 서버를 더욱 확장해서 보안과 확장성을 크게 개선한 클라우드 시스템을 사용한다.

클라우드 서버 구조에서는 여러 대의 서버에 서비스될 파일 및 자료를 보관하고, 한 서버에서 에러가 발생하면 다른 서버가 서비스를 이어받는 식으로 안전한 서비스를 보장한다. 아울러, 개발자가 직접 서비스에 필요한 운영체제나 데이터베이스와 같은 프로그램을 설치할 필요 없이, 몇 번의 클릭만으로 손쉽게 설치할 수 있는 기능을 제공하고 있어 웹 개발이 매우 손쉬워졌다.

만약 데이터 저장 용량이 더 필요하면, 클라우드는 서버를 종료할 필요 없이 용량을 더 키울 수 있다. 하지만 예전에는 서버를 종료하고 하드디스크를 컴퓨터에 설치해야 해서 매우 불편했다.

클라우드 시스템 구조

웹뿐 아니라 IoT, 인공지능과 같은 기능이 클라우드에서 몇 번 클릭만으로 제공되면서 요즘 대부분 서비스는 클라우드 기반으로 개발되고 있다. 전 세계 클라우드 인프라 시장 규모는 26조 4천억이며, 아마존은 이 중 51.8%를 차지하고 있다(가트너, 2018).

(전화 통화 중인 엄마)

 그래서… 강아지를 잃어버렸다고?

 응. 외로울 때 날 위로해 준 흰둥이인데… 어떡하지?
(보신탕으로 팔리지는 않겠지. 아~ T.T)

 (헐~ 침착하게) 어디서 잃어버렸어?

 가게에서 옷을 사느라 밖에 잠시 두었는데 사라졌어.
오늘은 잠을 못 잘 것 같아(T.T~)

 일단 파출소, 애견숍, 동물 병원에 연락해 알리고,
동물보호센터에 등록해 보자.

(동물보호센터에 등록 중인 엄마...)

 (잠시 후 이 이야기를 듣고 있던 연수) 이모, 멍멍이 잃어버렸어?

 (아~ 바쁘다. 건성으로 대답한다) 응.

(웹사이트에서 실종 강아지 검색하는 엄마를 보며)
강아지 잃어버린 사람 엄청 많네.

응. 검색하는데 너무 힘들다 (등록된 동물 사진이 너무 많아~ T.T).
이런 식으로는 찾기 어렵겠어.

(요즘 인공지능 많이 발달해 사진만으로 검색할 수 있던데…)
이 문제 인공지능으로 해결할 수 없을까?
(매우 편리한 서비스를 만들 수 있을 것 같아. 용돈도 벌 수 있고^^)

언니. 우리 유기견 찾기 앱 한번 만들어 보자~

이미 아마존, 구글, 페이스북과 같은 회사에서 제공하는 클라우드 기술은
주어진 사진에서 비슷한 사진을 검색할 수 있는 인공지능 기능과 다양한
예제를 제공하고 있다. 주어진 예제를 잘 사용하면 유기동물 찾기 앱을 개
발할 수도 있을 것이다.

통신 프로토콜 TCP/IP

TCP/IP(Transmission Control Protocol / Internet Protocol)는 인터넷에서 컴퓨터들이 서로 정보를 주고받는 데 쓰이는 통신 방법을 약속한 것이다. TCP/IP는 1973년 인터넷의 아버지라 불리는 빈트 서프(Vint Cerf) 박사와 밥 칸(Bob Kahn) 박사에 의해 개발되었다. 이들은 인터넷의 전신인 아파넷(ARPANet)이란 통신 프로토콜을 연구했었다.

통신 프로토콜은 컴퓨터 사이에 연결된 통신선을 통해 어떻게 데이터를 주고받아야 하는지를 정의한다.

이 전에 개발된 통신 네트워크인 아파넷은 미국 국방성 ARPA(Advanced Research Project Agency) 부서가 적국의 핵 공격에 통신선 일부가 유실되어도 데이터는 살아남을 방법을 고민하며 개발된 통신 시스템이었다.

(Vint Cerf: A Father of the Internet, thimbleprojects.org)

(Cade Metz Business, 2008, Bob Kahn, The bread truck, and the Internet's first communion)

빈트 서프 박사와 밥 칸 박사

아파넷은 전화처럼 항상 연결되어야 데이터가 교환될 수 있는 방식에 대비되는 패킷 교환(packet switching) 방식으로 개발된다. 패킷에는 데이터를 발송한 컴퓨터의 주소와 수신할 컴퓨터의 주소가 포함된다.

패킷 데이터가 너무 커 열악한 통신선이나 장비로 전달하기 어렵다면 데이터는 적당히 쪼개져서 전송된다. 이 과정에서 패킷 데이터는 전자기적 잡음이 포함될 수 있다. 이를 점검하기 위한 CRC(Cyclic Redundancy Check) 체크섬(checksum)개념이 생겼다.

01110010001	11100101111	0011110010011100111000001110101101101101 0011	100
수신 컴퓨터 주소	송신 컴퓨터 주소	데이터	CRC

패킷 데이터 예시

패킷 데이터가 통신 상태가 좋은 네트워크를 통과하므로 목적지에 도달한 패킷들은 뒤죽박죽이 될 수 있다. 이를 방지하기 위해 패킷에 전달 순서를 기록했다. 아울러, 패킷이 여러 네트워크를 거쳐 목적지까지 도달할 수 있도록 라우터(router)와 게이트웨이(gateway)란 개념이 만들어진다.

TCP/IP는 이런 문제를 기술적으로 해결해, 컴퓨터 통신을 위한 주소 형식을 약속한 IP(Internet Protocol; 인터넷 프로토콜)와 오류 없이 데이터를 전송하는 방법을 약속한 TCP(Transmission Control Protocol; 전송 제어 프로토콜)로 이루어져 있다.

IP에서 약속한 주소는 192.168.3.31과 같이 표시된다. 편지를 보내기 위해서는 주고받을 주소가 필요하듯 IP는 서로 통신할 컴퓨터 주소가 된다. 송수신 컴퓨터 주소를 이용해 데이터를 교환하기 전에, 각 컴퓨터는 송수신할 준비가 되어 있는지 서로 신호를 보내 확인하는 과정을 거친다. 세 번에 걸쳐 FIN, FIN과 ACK, ACK 패킷 데이터를 주고받기 때문에 3-Way 핸드쉐이킹(handshaking; 악수) 기법으로 불린다.

TCP/IP는 이미 오픈 소스로 함수가 개발되어 있기 때문에 손쉽게 사용할 수 있다. 운영체제에는 기본 기능으로 내장되어 있다. 유무선 인터넷 기능이 내장된 컴퓨터는 전원을 켜면 인터넷과 연결할 수 있는 AP(Access

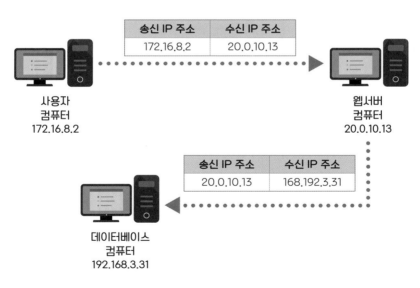

컴퓨터 TCP/IP 주소의 역할

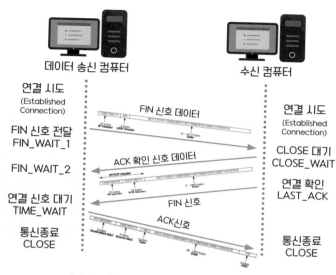

데이터 송신 컴퓨터　　　　　　수신 컴퓨터

연결 시도
(Established
Connection)　　　　　　　　　FIN 신호 데이터　　　　　　　연결 시도
　　　　　　　　　　　　　　　　　　　　　　　　　　　　(Established
FIN 신호 전달　　　　　　　　　　　　　　　　　　　　　Connection)
FIN_WAIT_1　　　　　　　　　　　　　　　　　　　　　CLOSE 대기
　　　　　　　　　　　　　　　　　　　　　　　　　　　CLOSE_WAIT

FIN_WAIT_2　　　　　ACK 확인 신호 데이터　　　　　연결 확인
　　　　　　　　　　　　　　　　　　　　　　　　　　　LAST_ACK

연결 신호 대기　　　　　　　FIN 신호
TIME_WAIT

통신종료　　　　　　　ACK신호　　　　　　　통신종료
CLOSE　　　　　　　　　　　　　　　　　　　CLOSE

3-Way 핸드쉐이킹(TCP/IP 통신 연결 과정)

Point; 접속 장치)를 검색하고, 인터넷과 연결한다.

크롬과 같은 애플리케이션은 운영체제에 내장된 TCP/IP 함수를 이용해 홈페이지가 있는 컴퓨터의 IP주소로 연결을 요청한다. 연결이 성공하면, 홈페이지를 표시할 HTML 파일을 요청하고 데이터를 주고받는 식으로 네트워킹한다.

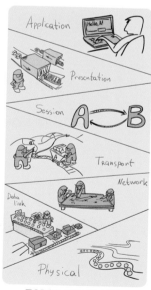

TCP/IP 동작 및 사용

HTML

HTML은 Hyper Text Markup Language
의 약자로, 웹페이지 디자인을 위해 개발된 컴퓨
터 언어이다. 파일 확장자는 보통 htm, html로
되어 있다. HTML개발자는 팀 버너스리이다.

HTML은 웹페이지 디자인을 위해 필요한 문법
을 제공한다. 예를 들어, 제목은 〈h1〉과 〈/h1〉
태그 사이에 출력을 위한 글씨를 입력하면 된다.
문단은 〈p〉와 〈/p〉 태그 사이에 글씨를 입력한
다. 그럼, HTML 문서를 보는 장치 종류에 따라
적당하게 내용을 출력해 준다.

HTML 개발자 팀 버너스리
(Tim Berners-Lee, wikipedia)

HTML은 웹페이지, 이미지, 동영상, 파일 등 데이터와 연결되어 보여주는 〈a〉 연
결 태그를 지원한다. 이를 이용해 웹페이지 하나에 관련된 모든 데이터와 지식을
거미줄처럼 연결해 보여줄 수 있다.

HTML로 만든 웹페이지

인터넷 브라우저로 표시된 HTML

팀 버너스리는 HTML을 개발했음에도 특허를 내지 않고 기술을 공유하길 원했다. 참고로, 우리가 사용하는 모든 웹사이트는 HTML을 사용하고 있다.

모든 지식이 연결되는 웹페이지

도구1 데이터베이스(database)

우리가 웹사이트에 입력한 데이터는 데이터베이스란 곳에 저장된다. 데이터베이스는 디지털로 저장되는 체계화된 자료의 모임이다. 체계화란 의미는 자료를 저장, 검색, 수정, 삭제하기 쉽다는 의미가 있다. 데이터베이스의 예로는 간단하게는 메모 프로그램으로 저장된 파일부터 오피스 스프레드시트, 데이터베이스 관리시스템(DBMS; Database Management System)까지 다양하다.

초기에 데이터를 저장하는 방법은 테이프 같은 곳에 차례대로 저장한 후, 필요한 자료는 다시 읽어나가며 찾는 방식이었다. 이는 책에서 목차 없이 필요한 내용을 찾는 것과 비슷하게 비효율적이었다.

데이터를 차례대로 기록하는 자기 테이프

도서관 책 자료 파일을 생각해
보자. 순서 없이 꽂혀 있는 책에
서 원하는 자료를 찾기 위해서
는 많은 시간이 걸린다. 하지만
책 자료를 기록할 때 찾기 쉽
도록 인덱스를 달아 놓으면,

책 자료
파일 인덱스
사용 예

인덱스를 이용해 원하는 내용을 빨리 찾을 수 있다.

1960년대 찰스 바크만이 상업용 데이터베이스를 개발한 후, 인덱스를 이
용한 검색 시스템이 구현되었다. 하지만 자료에 인덱스를 처리해도 중복
된 자료가 있으면 여러 가지 문제가 발생한다.

예를 들어, 다음과 같이 저장된 성적표를 보자.

학생 성적표

학번	성함	주소	과목	점수	선생님
1	이휘소	서울시 일원동	과학	90	장영실
1	이휘소	서울시 일원동	수학	100	홍정하
2	김윤덕	부산시 대저동	과학	95	장영실
3	장혜원	충청도 대전	수학	80	홍정하
4	조복성	제주도 서귀포	코딩	90	이천

중복된 자료들이 존재하는 구조

이 자료는 학번 순서대로 저장되어 있어 학번에 따라 자료를 찾기는 쉽다.

하지만 이휘소는 과학, 수학을 수강해 시험 점수를 얻어, 이휘소의 주소와 선생님이 중복으로 저장되어 있다. 만약 이휘소의 주소가 변경되면 두 번 검색해서 수정해야 한다. 이 문제는 과목도 마찬가지인데 과학 선생님 이름이 여러 번 중복되어 있어 과목에 따른 선생님이 변경될 경우, 모든 자료를 찾아서 수정해야 하는 문제가 생긴다. 이는 전체 자료를 모두 검색해야 하는 상황을 만들므로 비효율적인 자료 구조이다.

모든 자료는 서로 관계를 가지고 있는데 예를 들어, 과목은 학생 성적과 선생님 간에 관계를 만든다. 만약 과목과 선생님은 하나로 묶고, 학생 성적과 과목도 별도로 묶으면 과목을 중심으로 관계를 지울 수 있다. 이런 방식으로 자료의 관계를 서로 만들어 정리하면 자료의 중복이 최소화되어 자료를 찾거나 수정할 때 편리해진다.

학생 정보

학번	성함	주소
1	이휘소	서울시 일원동
2	김윤덕	부산시 대저동
3	장혜원	충청도 대전
4	조복성	제주도 서귀포

학생 성적

학번	과목	점수
1	과학	90
1	수학	100
2	과학	95
3	수학	80
4	코딩	90

과목 정보

과목	선생님
과학	장영실
수학	홍정하
과학	장영실
수학	홍정하
코딩	이천

관계를 중심으로 묶은 자료 구조

오라클 데이터베이스의 시작

수학자 에드거 F. 커드(Edgar Frank Codd) 박사는 앞에서 설명한 아이디어를 발전시켜 1974년 관계 대수를 이용한 관계형 데이터베이스(RDBMS; Relational Database Management System)를 개발한다. 그리고 IBM사에서 관계형 데이터를 다루기 위한 SQL(Structured Query Language)을 제안하였다.

에드거 F. 커드 박사 (Wikipedia)

코드 박사의 아디이어에 큰 인상을 받은 개발자 밥 마이너(Bob Miner)는 1977년 래리 앨리스과 함께 소프트웨어 개발사를 창업하고 기능이 뛰어난 RDBMS인 오라클(Oracle) 버전 1을 개발하였다.

이 소프트웨어가 그 유명한 오라클 데이터베이스이다. 이후 오라클은 계속 발전해 시장가치만 2017년 195조 원인 회사가 되었다.

최근 데이터베이스는 빅데이터, 클라우드 기술로 꾸준히 발전하고 있다.

오라클 사

앱 인벤터(App Inventor) - 손쉽게 만드는 스마트폰 앱 코딩

MIT에서 개발한 앱 인벤터는 무료로 공개된 앱 개발 도구이다.

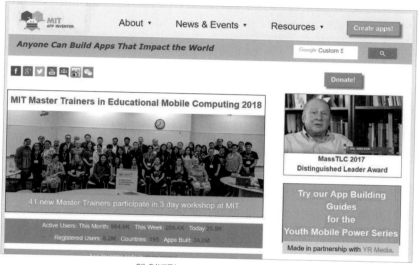

앱 인벤터 (http://appinventor.mit.edu)

우리가 사용하는 스마트폰은 수많은 앱이 설치되어 있다. 이런 앱은 구글 앱스토어 같은 곳에 올려 판매할 수 있고, 필요한 사람이 다운로드받아 스마트폰에 설치할 수 있다.

앱을 만든 방법은 다양하다. 앱이 생겨날 당시에는 어려운 C++, C#, Java 와 같은 컴퓨터 언어를 사용해 개발했다. 최근 앱 인벤터같이 블록형 코딩 방식이 발전해 앱 개발이 좀 더 쉬워졌다.

앱 인벤터로 개발된 앱

앱 인벤터는 드래그 & 드롭 방식으로 디자인하고 코딩한 후, 스마트폰, 스마트패드 같은 장치에 손쉽게 앱을 설치할 수 있다. 게임 등 다양한 앱을 만들 수 있고, 이와 관련된 많은 튜토리얼을 제공한다.

앱 인벤터는 웹사이트에서 제공되는 코딩 도구(ai2.appinventor.mit.edu)로서 인터넷에서 실행되기 때문에 별도의 프로그램 설치가 필요 없다.

(Karen, 2018, HK Children Built Burger Ordering
App for Local Restaurant, AppInventor MIT)

회원 가입만 하면 앱을 디자인할 수 있는 도구와 버튼 등을 선택했을 때 동작을 코딩할 수 있는 블록 코딩을 무료로 제공한다.

앱 인벤터 웹사이트는 세계 각국에서 진행되는 프로젝트 스토리를 오픈 소스로 공유하고 있어, 학부모나 선생님이 앱을 어떻게 디자인하고 만들어나가는지 참고하기 매우 좋다.

(Karen, 2018, Changing the Asian Community one App at a time – Preface Hackathon, AppInventor MIT)

가상 화폐 거래 디지털 장부

블록체인

가상 화폐는 실물 화폐 없이 네트워크상에서 사용되는 디지털 화폐이다.
블록체인은 은행에서 거래를 기록하는 장부처럼 가상 화폐의 거래를 기록
하는 디지털 장부이다. 가상 화폐는 블록체인 기술로 장부를 관리한다.
블록체인은 위조 및 해킹을 방지하기 위해 네트워크에 연결된 컴퓨터에
암호화되어 분산 저장되기 때문에 분산원장이라 불리기도 한다.

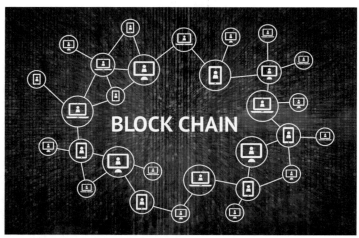

블록체인 네트워크로 연결된 컴퓨터에 자료가 암호화 되어 분산 저장된 원장

가상화폐는 우리가 사용하는 신용카드 마일리지와 비슷하다. 마일리지도 카드사에서 기록해 놓은 숫자에 불과하지만, 물건도 구입할 수 있고, 현금처럼 사용할 수 있다. 다만, 카드 회사에서만 마일리지를 관리하고, 분산 원장을 사용하지 않는 점이 다르다.

블록체인을 사용하는 가상 화폐는 장부 자료가 암호화되어 분산 저장되기 때문에 장부 위조가 어렵고, 블록체인을 관리하는 네트워크에 누구나 참여할 수 있기 때문에 민주적이며, 이로 인해 중앙 집중화된 은행이나 카드 사보다 수수료가 저렴하다. 그리고, 2008년 세계 금융위기 때 부패 비난을 받은 금융 시스템에 비해 투명하고 민주적으로 금융 거래할 수 있다.

블록체인으로 우리는 무엇을 할 수 있을까?

학교에서 반장 투표를 하고 있다.

 여러분~ 오늘 반장 투표를 할 거예요^^ 반장을 추천해 보세요~

 (재빠르게) 저는 저를 추천해요^^

(아이들의 야유 소리) 우우~~~

 (손들며) 저는 연수를 추천해요!

 (깜짝 놀라) 헉… (손사래를 친다)

투표 – 사회 계약의 예

(집에서 만난 연수와 선우)

 (언니를 쳐다보며) 언니, 나 오늘 반장 됐어~

 (놀란 표정을 지으며) 오~ 내 동생이 반장이라니!

 (약간 우쭐해하며) 내가 원래 한 인기 하잖아^^

 (웃으며) 한턱내야겠네!

 응. 그런데 반장 투표할 때 이중 표가 나와서 좀 찜찜해. 원래 한 사람이 한 명만 투표하기로 하고 투표용지를 나눠 줬거든. 근데, 누가 두 번 투표했나 봐.

 선생님 말씀대로 안 했나 봐. (회상하며) 나도 그런 적이 있었지. 그때 다시 투표했어. 정말 시간 많이 쓰고 힘들었어.

투표 학생 수와 투표용지 수가 안 맞으니 투표가 끝난 후에도 문제를 제기한 아이들이 있었다. 그런데 중간 투표 과정을 기록해 놓지 않아 어디서 잘못되었는지 알 수가 없었다. 이런 문제가 심각해지면 신뢰가 깨지기 때문에 투표 결과가 무효화가 될 수 있다.

 기술로 해결할 수 없을까? 요즘 블록체인이 유행이던데.

(옆에서 이야기를 듣고 있던 아빠)

 투표 과정을 원장에 분산해 기록해 놓으면 언제, 어디서 잘못되었는지 알 수 있겠네! 분산 기록되어 있어 조작하기도 어렵고 말이야.

  그걸로 투표 앱 하나 만들어 볼까?

 멋진데! 우리 학교 올해 학생회장 선거에서 사용할 수 있을 것 같네.

 스마트폰으로 하면 집계하는 것도 편리하겠는데!

 오~ 굿 아이디어!

 요즘 블록체인으로 다양한 서비스 개발하는 경우가 많아. 투자도 많이 받고 있지. 예를 들어, 도시 환경 보호를 위해 자전거를 탈 때마다 쌓이는 마일리지를 블록체인으로 만들어서 얼마 이상 쌓이면, 환경세를 돈으로 돌려주는 스마트계약이 만들어진 적도 있어.

(눈을 빛내며) 돈으로 돌려줘?

 응. 개인이 좋은 일을 하면, 그 대가로 정부가 돈을 준다는 계약이지. 요즘엔 스마트계약도 쉽게 만들 수 있는 도구가 꽤 나와 있어. 심지어 은행처럼 너희만의 화폐를 만들어 발행하고, 유용한 서비스를 사용할 수도 있지(게임머니나 블루마블처럼 말이야). 이걸로 좋은 일 하는 사람도 많고, 돈을 번 사람도 꽤 있어.

  오~ 그래? (대박!) 투표 앱을 만들고, 화폐도 발행해서 우리 부자가 되는 거야! 파이팅!

 (옆에서 듣고 있다가) 이것들 돈독 올랐어 -.-;;

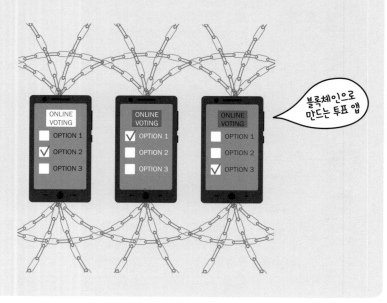

블록체인으로 만드는 투표 앱

투표 과정을 스마트계약으로 코딩하면, 다음과 같은 알고리즘이 될 것이다.

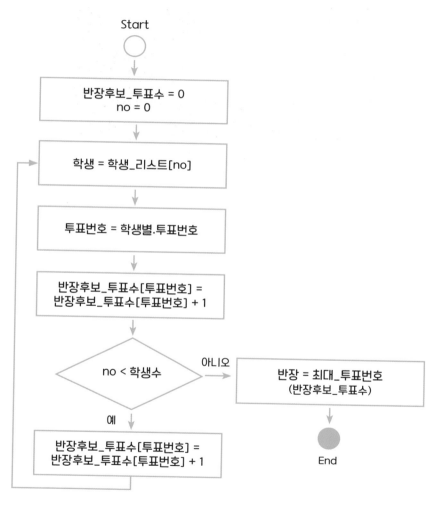

스마트계약 알고리즘 – 전자 투표의 예

비트코인 블록체인 기술을 사용한 가상화폐

스마트계약은 블록체인을 이용해 분산 저장되므로 위조나 변조 위험이 없고, 거래가 발생할 때마다 블록에 그 내용이 저장되므로 문제가 생겼을 때 추적할 수 있다.

스마트계약은 가상 화폐를 주고받는 기능이 포함되어 있다. 내기에 진 사람이 피자를 사게 하는 계약부터 카드처럼 마일리지가 얼마 이상으로 쌓였을 때 물건을 사고 서비스를 사용하기 편리하다. 이렇게 특정 조건이 있는 거래는 모두 스마트계약으로 코딩될 수 있다. 다만, 서비스가 블록체인 플랫폼에 연결되어 있어야 하며 가상 화폐로 살 수 있어야 한다.

가상 화폐로 유명한 것은 비트코인(bitcoin)이 있다. 원래 비트코인을 주고받는 거래를 분산 기록하는 용도로 개발된 블록체인은 이더리움(Etherium)이란 플랫폼이 만들어지면서 스마트계약까지 코딩할 수 있는 수준까지 발전하였다.

스마트계약은 계약 관계에서 특정 조건이 만족하면 서로 약속된 전자화폐나 토큰을 주고받는 식으로 코딩되어 있다. 스마트계약은 소프트웨어 프로그램의 일종이다.

스마트계약이나 서비스를 구현하기 위해서는 많은 돈이 필요하다. 그래서 돈이 필요한데, 여기에 사용될 토큰을 미리 싼값에 발행해 투자받는 것을 ICO(Initial Coin Offering)라 한다. 이 ICO로 천문학적인 금액을 투자받은 회사가 많다.

다만, 비트코인과 같은 전자화폐를 거래하는 거래소에서 해킹 사고, 횡령 등의 문제가 많은 것은 발전의 큰 걸림돌이 되고 있다. 거래소가 관리하는 전자 화폐 자료는 회사 중앙 컴퓨터에만 저장된 것이라 해킹, 조작에 취약했던 것이 원인이었다.

전문가들은 블록체인이 잠재력이 큰 기술이라 앞으로 계속 발전할 것이라 말한다. 구글, 마이크로소프트, IBM 같은 세계적 기업에서도 큰 투자를 하고 있고 스위스, 에스토니아 같은 나라는 전자 정부를 블록체인으로 구현하기 위해 노력하고 있다.

사례 물물교환과 화폐의 발생

우리가 화폐를 주고받을 때 물건의 가치를 교환한다고 생각한다. 하지만, 서로 약속되지 않은 화폐는 실체가 없는 종잇조각일 뿐이다.

물물교환은 화폐 따위의 교환 수단 없이 물건을 직접 교환하는 것이다. 또한 오래된 가치 교환 방법이지만 매우 불편하다. 어부가 물고기를 잡아 도시 장터에서 옷으로 물물교환하려 할 때 어떤 문제가 발생할까?

먼저, 잡은 물고기를 장터까지 운반하는 일은 불편하다. 운반하는 동안 상할 수도 있고, 이로 인해 물건의 가치는 낮아질 것이다. 화폐는 서로 약속된 가치를 교환하므로 이러한 문제를 해결할 수 있다.

화폐가 생기면 화폐로 교환할 수 있는 서비스를 만들기 쉬워진다. 물건을 배송하는 서비스를 사용할 때 그 가치를 화폐로 지급하면 편리하다. 당장 화폐가 없을 때, 신용으로 돈을 은행에서 빌려 물건값을 줄 수도 있다. 그럼 물건을 시장에 팔고, 은행에 빌린 돈을 이자를 포함해 갚을 수 있다.

이런 식으로 화폐는 우리 생활을 매우 편리하게 만든다.

화폐의 가치는 크게 변동하지 않아야 하며, 화폐를 다른 가치로 돌려받는 것을 확신할 수 있어야 한다. 그렇지 않으면 화폐는 단지 휴지조각일 뿐이다. 은행은 이런 금융거래의 신용을 관리하는 곳이다.

화폐가 생겨난 후 화폐의 가치를 기록하는 장부를 관리하는 은행이 만들어졌고 은행은 돈을 대출하고 이자를 받는 금융업으로 발전한다. 이후 금융은 보험 등 여러 가지 파생상품을 사람들에게 서비스하기 시작하여 큰 부를 쌓았다.

닭으로 물물교환 하는 남자 (F.S. Church, 1874, Harper's Weekly)

금융공학과 인공지능

컴퓨터가 잘하는 일 중 하나는 숫자를 정확히 빠르게 계산하는 것이다. 그래서 은행 같은 금융기관은 금융거래나 계산을 할 때 컴퓨터를 사용한다.

금융은 경제생활 중 은행, 증권, 보험사가 예금자, 투자자, 보험자로부터 자금을 모으고, 이 돈을 다른 곳에 빌려주는 역할을 한다.

자금을 빌려주고 투자를 할 때 어떤 곳에 투자해야 하는 가는 매우 중요한 문제이다. 잘 투자하면 큰돈을 벌 수 있고, 잘못하면 큰 손해를 보기 때문이다. 이런 이유로 금융공학이 생겨났고, 수학을 기반으로 한 투자 모델과 알고리즘을 개발하는 전문가의 인기가 매우 높아졌다.

최근에는 딥러닝과 같은 인공지능 기술을 이용해 미래 투자 수익과 패턴을 예측하는 단계로 발전하고 있다. 그리고, 이 분야에서 유명한 전문가들이 만든 스타트업은 큰 가치를 인정받아 월스트리트에서 천문학적인 금액을 투자받고 있다.

코딩은 금융공학에서 기본이 되는 도구이다.

금융의 중심지
월스트리트

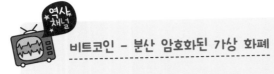

비트코인 - 분산 암호화된 가상 화폐

비트코인(bitcoin)은 사카모토 나카시가 개발한 가상 화폐이다. 2017년 비트코인 자산가치는 32조 원에 육박했다.

비트코인은 2008년 미국 최악의 금융 위기로 개인 파산이 속출하고, 월가 금융 자산가의 윤리와 신뢰가 바닥에 떨어지면서 그 대안으로 제안되었다.

비트코인의 목적은 은행 같은 제 3자 중계 기관을 제거하고 분산된 네트워크에서 시민이 민주적 방식으로 금융 거래를 하는 것이다.

이 아이디어를 구현하기 위해 비트코인은 거래 당사자 간 거래 데이터를 암호화 하고 블록체인에 분산해 저장한다. 이때 블록은 거래 자료를 저장하는 장부 역할 을 한다. 블록은 네트워크상에 서로 연결되어 있고, 누군가 특정 블록을 조작하거 나 해킹하면 민주적 방식으로 위조를 적발한다.

다음 그림처럼, 블록은 체인처럼 연결되어 있다. 블록은 이전 블록과 서로 연결되 어 네트워크상에 분산 저장되어 있으므로 해체, 수정이 거의 불가능하다.

블록이 원본임을 증명하기 위해 해시(hash) 함수로 계산된 값을 사용한다. 해시 값은 주어진 자료가 약간 변경되더라도 크게 바뀌게 되어 있다. 그러므로 자료 조 작 시 위변조를 쉽게 확인할 수 있다.

Block #0
블록 해시 값: 0×000323
이전 블록 해시 값: 0 생성시간: 20180517020
거래정보 트랜잭션.0 채굴자에게 10 BTC 전송

Block #1
블록 해시 값: 0×000802
이전 블록 해시 값: 0×000323 생성시간: 201805171040
거래정보 트랜잭션.0 채굴자에게 10 BTC 전송 트랜잭션.1 A가 B에게 5 BTC 전송

Block #2
블록 해시 값: 0×001013
이전 블록 해시 값: 0×000802 생성시간: 201805171283
거래정보 트랜잭션.0 채굴자에게 10 BTC 전송 트랜잭션.1 A가 B에게 2 BTC 전송 트랜잭션.2 F가 Z에게 0.5 BTC 전송

블록체인

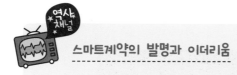

스마트계약의 발명과 이더리움

스마트계약은 1996년 닉 자보가 제안한 개념이었다. 비탈리크 부테린은 이 개념을 이더란 가상화폐를 운영하는 이더리움 플랫폼의 기능으로 개발해 전 세계 블록체인 개발자에게 큰 영향을 주었다.

스마트계약 개념을 만든 닉 자보
(Tim Copeland, 2018, Nick Szabo: 'Blockchains need armour, not fins', Decrypt Media)

스마트계약의 기본 원칙은 거래 과정이 관측될 수 있어야 하며, 거래 과정이 검증될 수 있어야 하고 거래 당사자의 사생활이 보호되어야 한다. 아울러, 계약된 거래는 강제로 이행될 수 있어야 한다.

비탈리크 부테린은 이 개념을 이더리움 스마트계약 기술로 구현했다. 이때 그의 나이는 불과 19살이었다(1994년 1월생). 그는 10살 때부터 직접 게임을 코딩하고 노는 것을 반복했을 만큼 프로그래밍을 좋아했다. 2018년 이더리움 자산가치는 216억 달러를 기록했다. 이더리움은 오픈 소스로 공개되었기 때문에 누구나 설계도와 소스 코드를 볼 수 있고, 무료로 사용할 수 있다.

비탈리크 부테린 – 이더리움 개발자
(Wikipedia)

전 세계에서 수많은 이더리움 플랫폼 기반 ICO가 가상 화폐로 발행되어 천문학적인 투자금을 유치했었다. 특히, 2017년 ICO로 발행한 Tezos는 2억 3천 2백만 달러(2천 7백억 원)를 투자받기도 하였다.

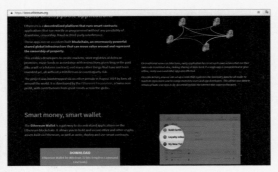

블록체인

2017년까지 뜨겁게 달아올랐던 가상화폐에 대한 관심은 2018년 중앙거래소에 대한 해킹이나 조작 문제가 커지고, 사람들이 가상화폐 가치에 대한 회의감으로 인해 투자금이 줄어들었다.

다만, 블록체인 기술 자체에 대한 관심은 여전하여, 세계 각국과 IBM 같은 다국적 회사에서 꾸준히 기술 개발에 투자하고 있다.

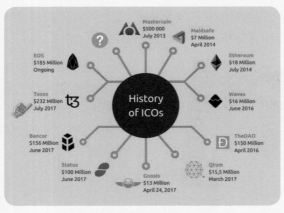

ICO에 성공한 가상화폐 (TechXile, 2018)

스마트계약 개발

스마트계약은 계약 당사자 간 약속을 프로그래밍 언어로 코딩해 계약 이행을 자동화한 것이다. 스마트계약은 블록체인 기술을 이용한다. 개발된 스마트계약과 실행된 거래는 블록체인에 분산 저장되므로 조작이 어렵고, 투명하게 계약 실행 과정을 추적할 수 있다.

스마트계약이 어떻게 코딩되는지 알아보기 위해 로또 게임 계약을 만들어 보겠다. 계약 코딩은 이더리움 플랫폼에서 제공하는 솔리디티란 스마트계약 언어를 사용하겠다. 이 로또 게임의 계약 조건은 일곱 번째 판돈을 넣은 사람이 모든 판돈을 가져가는 것이다.

계약 조건대로 몇 번째 판돈을 거는지 기록하기 위한 count 변수를 만들자. 판돈은 msg.value 변수에 저장되어 있다. 판돈을 받을 수 있는지 payable() 함수를 통해 확인하고, 이때마다 count가 증가하며, 판돈의 우승상금 prize_money 변숫값은 누적된다. 만약 count가 일곱 번째이면, 판돈을 보낸 자의 계정에 우승상금을 이체한다.

이 계약 알고리즘을 솔리디티 언어로 코딩하면 다음과 같은 스마트계약을 만들 수 있다.

```
Contract Lottery {
    uint count = 0;
    uint prize_money = 0;
    function () payable public {
        count++;                      // 판돈 지급 여부 카운트
        prize_money += msg.value;     // 판돈 추가
        if(count % 7 == 0) {          // 판돈 건 순서가 7번째이면
```

```
        msg.sender.transfer(prize_money); // 판돈 송금자 계좌에 이체
      prize_money = 0;
    }
  }
}
```

스마트계약은 실제로는 코딩된 프로그램이다. 다만, 계약 관계에 필요한 계약 참여자 간 가상 화폐 거래 기능, 분산 저장되는 블록체인을 이용한 위변조 방지 기능을 제공해 계약을 코딩하기 편리하게 만들었다. 이 점이 다른 코딩 언어와 다른 점이다.

도구 이더스크립터(EtherScripter) - 블록 코딩으로 만드는 스마트계약

이더 스크립터는 블록 코딩을 지원하는 스마트계약 개발 도구이다. 스마트계약은 사실 프로그램의 일종이기 때문에 코딩으로 개발된다. 어려운 코딩 언어 대신 스크래치와 비슷한 이더 스크립터를 사용하면 누구나 쉽게 스마트계약을 만들 수 있다.

이 도구는 스크래치같이 코딩에 필요한 블록을 이용해 코딩할 수 있다. 블록은 이더를 특정 계좌로 이체하거나, 변수를 만들고 계산하거나 또는 특정 조건에 맞으면 계약을 실행하는 명령어가 준비되어 있다.

다음 그림은 동전을 던져 원하는 면이 나오면 승리자가 두 배의 돈을 얻는 계약을 코딩한 것이다. 동전 던지기 승리 조건은 현재 계약이 실행된 시간이 짝수로 나누어떨어질 때 실행되는 것으로 처리했다.

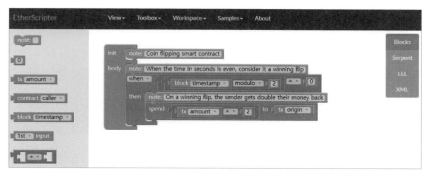

이더 스크립터로 개발된 동전 한 면 내기 계약 프로그램 (etherscripter.com)

이렇게 코딩된 계약은 여러 계약 언어 중 하나인 LLL(Lisp Like Language)
로 다음같이 자동 변환된다.

```
(seq
  ;; 동전 앞뒤 맞추기 스마트계약 코드
  (return 0 (lll (seq
    ;; 만약 현재시간을 2로 나눈 나머지가 0이면(즉 짝수이면)
    (when (= (mod (timestamp) 2) 0)
      (seq
        ;; 원래 판돈의 2배를 곱해 gas란 수수료로 돌려준다
        (call (- (gas) 100) (origin) (* (callvalue) 2) 0 0 0 0)
      )
    )
  ) 0))
)
```

이렇게 변환된 코드는 이더리움 플랫폼의 스마트계약으로 등록할 수 있다.

앞으로 스마트계약은 누구나 쉽게 개발할 수 있는 방식으로 발전할 것이다. 그렇게 되면, 생활 속의 다양한 계약 문제를 디지털화할 수 있고 이미 디지털화된 계약들은 도서관에 있는 책처럼 쉽게 꺼내 보고 재사용할 수 있을 것이다.

인공지능

사람처럼 생각하는 소프트웨어

앞으로 펼쳐질 미래 세상에서 제일 중요한 기술을 꼽으라면 인공지능이 되지 않을까 싶다. 우리는 알파고 충격으로 인공지능의 발전을 눈앞에서 확인할 수 있었다.

이미 2000년 초부터 검색 키워드 광고로 큰돈을 번 구글, 페이스북 같은 세계적 기업은 인공지능 기술에 천문학적인 투자를 하고 있었다. 아마존, 알리바바 같은 온라인 상거래로 큰돈을 번 대기업은 클라우드 빅데이터 인공지능 기술에 큰 투자를 했었고, 관련 전문가를 블랙홀처럼 빨아들이고 있다.

아마존은 인공지능 스피커 알렉사를 출시한 지 오래되었고, 구글은 인공지능 스마트홈 제품을 판매하고 있다. 얼마 전에는 구글에서 개발한 무인 자율주행 자동차가 상용화되었다.

인공지능이 장착된 드론이 물건을 배송하고, 쇼핑할 때는 인공지능 챗봇이 내가 원하는 것을 찾아 준다. 인공지능이 집, 사무실과 도시를 스마트하게 관리하는 시대이다.

인공지능의 급속한 발전은 기존 일하는 방식을 근본적으로 바꾸어 놓았다. 컴퓨터 발전은 반복적인 업무를 하는 일자리는 컴퓨터와 소프트웨어로 대치되는 정도였으나 인공지능의 발전은 반복적 일자리뿐 아니라 창의적 분야도 기계가 할 수 있음을 보여줬다.

사람의 눈 역할을 하는 비전 기술은 인공지능 기술로 급격히 발전해 사진과 영상에서 원하는 사물을 찾는 속도와 정확도는 이미 인간 수준을 넘었다. 지능형 방범 카메라는 실시간으로 법규를 위반한 사람과 범죄자를 감시하고, 안전사고가 발생하기 전에 미리 문제를 조치한다. 중국은 이 기술을 도시 및 시민 관리에 사용하고 있다.

인공지능은 사람과 기계가 하는 일을 구분할 수 없는 수준으로 발전하고 있다.

채팅하면 원하는 서비스 예약과 호출을 해주는 챗봇은 사람이 말하는 것과 큰 차이가 없어졌다. 번역은 이미 인간이 번역하는 수준까지 개선되었고, 회의 내용을 다른 언어로 통역해 받아 적을 만큼 발전했다. 뉴스 기사는 인공지능이 자동으로 작성

중국 지능형 도시 방범 카메라
(Paul Mozur, 2018, Inside China's Dystopian Dreams: A.I., Shame and Lots of Cameras, The New York Times)

하고, 암 진단도 의사보다 인공지능이 더 뛰어난 수준으로 발전하고 있다.

(Google Duplex: A.I. Assistant Calls), 번역-통역 서비스 (Google)

예술 분야에서 인공지능 기술의 활용 결과는 눈부시다. 2018년 크리스티(Christie's) 경매에서 인공지능 프로그램 만든 작품이 432,500달러에 팔렸다. 파리 예술 단체 Obvious는 공개된 딥러닝 알고리즘인 GAN을 이용해 14세기에서 20세기 사이 15,000 초상화를 인공지능에 학습시켰고, 초상화를 만들게 했다.

모차르트와 같은 유명 음악가 악보를 학습하여 그들의 음악풍을 가진 인공지능 작곡 기술도 개발되었고, 이 기술을 이용한 스타트업도 생겨났다. 인공지능은 유명한 소설가를 흉내 내서 글을 자동으로 쓴다. 연예인이나 정치인의 목소리를 그대로 흉내 내거나 원하는 연예인으로 영상 속 인물을 바꿔 버릴 수도 있다.

이렇게 눈부신 발전을 하는 인공지능 기술을 이용해 우리는 무엇을 할 수 있을까?

인공지능이 그린 "Edmond de Belamy, from La Famille de Belamy"
(Christie's New York, 2018)

PANDARUS:
Alas, I think he shall be come approached and the day
When little srain would be attain'd into being never fed,
And who is but a chain and subjects of his death,
I should not sleep.

Second Senator:
They are away this miseries, produced upon my soul,
Breaking and strongly should be buried, when I perish
The earth and thoughts of many states.

DUKE VINCENTIO:
Well, your wit is in the care of side and that.

Second Lord:
They would be ruled after this chamber, and
my fair nues begun out of the fact, to be conveyed,
Whose noble souls I'll have the heart of the wars.

Clown:
Come, sir, I will make did behold your worship.

VIOLA:
I'll drink it.

인공지능이 셰익스피어를 흉내 내서 쓴 시
(Andrej Karpathy, 2015, The Unreasonable Effectiveness of Recurrent Neural Networks, karpathy.github.io)

오늘은 얼마 전 만들어 보기로 한 유기견 찾기 앱 코딩 미팅.

 지난번에 이모가 잃어버린 개 찾았어?

 아직 못 찾은 것 같아.

 그 멍멍이 귀여웠는데… 안 됐다… (털도 보들보들 부드러웠는데)

 그래서 우리가 앱 만들기로 했잖아.

 그치. 그때 인공지능 이용하자고 했지?

 (기억을 떠올리며) 응. 유기견 웹사이트에서 찾아보려 했더니, 등록된 자료가 너무 많아 찾기 어려웠어. 게다가 등록할 때도 입력해야 할 것이 많아 매우 불편했어.

 얼마 전 내가 아는 멘토 선생님께 이 문제를 상의드리니, 인공지능 기술 중 딥러닝을 이용하면 좋을 것 같다고 하셨지. 몇 가지 학습 영상과 참고할 만한 예제를 알려주셨어. 잘 따라 하면 되겠지? ^^

 (끄덕끄덕) 그럼, 숙제 좀 하고 나서 다시 미팅하자!

인공신경망은 특정 문제를 해결하기 위해 미리 학습데이터를 준비하고, 인공적으로 프로그래밍이 된 신경망에 학습시킨다. 딥러닝은 신경망을 이루는 네트워크층을 수십 개 이상으로 쌓아 학습 정확도를 높인다. 딥러닝

인공신경망

으로 학습된 신경망은 잡음이 있는 입력 데이터도 높은 정확도로 예측된 해를 찾을 수 있다.

현재 인공지능 딥러닝 기술은 급격히 발전해 특정 영역은 사람보다 훨씬 뛰어난 문제해결 능력을 갖추게 되었다. 무인 자율주행 자동차, 무인 비행 드론, 무인 감시 카메라, 무인 운반 창고 로봇, 인공지능 번역기, 서비스 챗봇은 딥러닝 기술 덕택으로 가능한 것이다.

물론, 딥러닝 기술이 모든 문제를 사람처럼 다 해결하지는 못한다. 딥러닝 은 잡음 있는 이미지에서 원하는 정보를 찾는 문제에 강점이 있지만, 다른 분야 문제를 해결하기 위해서는 기존 인공지능 기술을 사용하는 게 더 효율적인 경우가 많다.

인공지능이 활용되는 4차 산업혁명 시대는 영국에서 노동자가 일자리를 빼앗아가는 산업기계를 파괴했던 러다이트 운동(Luddite movement)과 유사한 흐름으로 사회문제가 발생하고 있다. 지금은 기술뿐 아니라 삶의 방식과 일자리까지도 함께 생각해야 하는 시대이다.

인공지능과 딥러닝

인공지능은 1960년대 많은 사람이 큰 기대를 했던 기술이다. 그때는 인공지능이 구현되면 사람이 하는 귀찮은 일을 인공지능이 있는 로봇에게 시키고, 사람은 좀 더 가치 있는 일을 할 수 있다는 유토피아를 꿈꿨던 적이 있다. 이때 인공지능은 사람처럼 일반적인 지능을 개발하고자 했다.

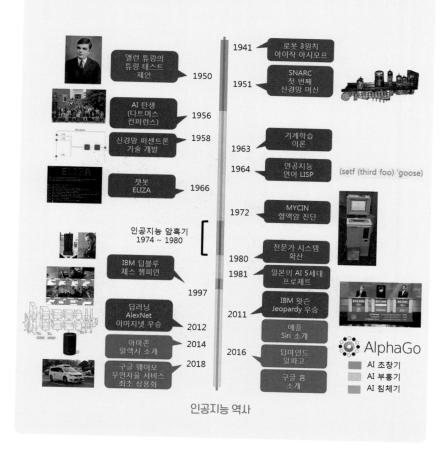

앨런 튜링의
튜링 테스트
제안
1950

AI 탄생
(다트머스
컨퍼런스)
1956

신경망 퍼셉트론
기술 개발
1958

챗봇
ELIZA
1966

인공지능 암흑기
1974 ~ 1980

IBM 딥블루
체스 챔피언
1997

딥러닝
AlexNet
이미지넷 우승
2012

아마존
알렉사 소개
2014

구글 웨이모
무인자율 서비스
최초 상용화
2018

1941
로봇 3원칙
아이작 아시모프

1951
SNARC
첫 번째
신경망 머신

1963
기계학습
이론

1964
인공지능
언어 LISP

(setf (third foo) 'goose)

1972
MYCIN
혈액암 진단

1980
전문가 시스템
확산

1981
일본의 AI 5세대
프로젝트

2011
IBM 왓슨
Jeopardy 우승

애플
Siri 소개

2016
딥마인드
알파고

구글 홈
소개

AlphaGo

■ AI 초창기
■ AI 부흥기
■ AI 침체기

인공지능 역사

하지만 수학적으로 복잡하게 구현된 인공지능도 사람이 하는 간단한 작업도 하지 못한다는 사실이 밝혀지면서 사람들은 실망했었다. 특히, 사람들의 기대를 많이 받았던 인공신경망은 몇몇 기본적인 문제도 해결하지 못하고 실패한다. 이 결과로 1980년대 후반, 인공지능에 대한 투자는 대폭 감소하였고 20년 가까이 침체하였다.

이후, 인공지능은 구체적인 목적을 가진 기술 개발로 진로를 변경한다. 예를 들어, 인공지능 분야는 의사나 법률가처럼 특정 규칙에 따라 자료를 검색하고 판단하는 전문가 시스템, 사진 이미지에서 원하는 사물을 찾는 비전 기술, 수많은 자료에서 정보를 얻는 방법인 데이터 마이닝과 빅데이터 처리 분야로 발전한다.

특히, 인공신경망 분야의 대부인 제프리 힌튼 교수 제자인 알렉스 키잔스키가 2012년 발표한 딥러닝 모델 AlexNet이 이미지넷(ImageNet)에서 주최한 경진

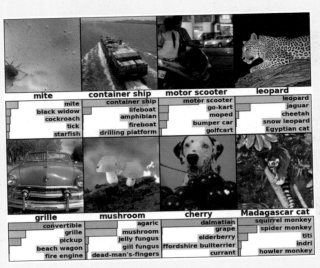

인공지능을 이용한 이미지 인식(ImageNet)

대회에서 84.6%의 사진 인식 정확도를 얻으면서, 전 세계에 큰 인상을 주었다. 이후, 구글이나 페이스북 같은 세계적 기업에서 딥러닝에 천문학적 투자를 하면서 이 기술은 오픈 소스 도구로 누구나 사용할 수 있게 되었다.

딥러닝과 신경망

머신러닝의 한 기술인 딥러닝은 2000년대 들어 인공지능 기술 발전의 큰 획을 그었다.

딥러닝은 인공신경망의 일종으로 훈련용 데이터를 이용해 패턴을 학습할 수 있는 신경망을 깊게 중첩하여 쌓은 모델이다.

인공신경망은 사실 구조가 매우 간단하다. 신경망은 입력된 데이터에 대한 패턴을 인식하는 뇌의 뉴런 기능을 간략화한 것이다. 패턴을 인식하기 위해 입력과 출력 사이에 연결된 신경망은 가중치를 가진다.

인공신경망은 데이터를 입력받는 입력층, 학습된 결과를 출력하는 출력층, 출력 신호를 결정하는 은닉층으로 구성된다. 이들 사이에 가중치를 조정하는 신경망이 연결되어 있다. 이 모든 것은 행렬과 배열로 코딩할 수 있는 간단한 구조이다.

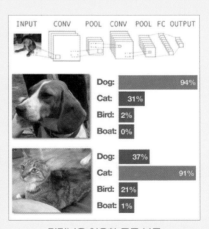

딥러닝을 이용한 동물 분류
(Adrian Rosebrock, 2016, My Top 9 Favorite Python
Deep Learning Libraries, pyimagesearch.com)

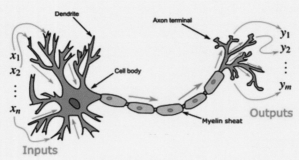

뇌의 뉴런 모델 (Wikipedia)

입력층에 입력되는 데이터는 숫자, 텍스트, 이미지, 음성 신호 등 종류를 가리지 않는다. 출력층은 보통 입력 데이터에 대한 결과가 되어야 하는 종류 구분 라벨 (label), 계산 값, 이미지, 음성, 로봇 제어 신호 등이 될 수 있다.

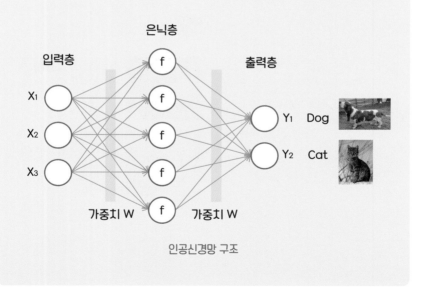

인공신경망 구조

딥러닝은 데이터가 소스코드라 할 만큼 훈련용 데이터를 만드는 것이 코딩보다 더 중요하다. 딥러닝 소스코드는 파이썬으로 코딩하면 몇십 줄밖에 안되는 경우도 많으며, 수많은 모델이 오픈 소스로 공개되어 사용하기 어려움이 없다.

새로운 딥러닝 모델을 개발하기 위해, 훈련용 데이터를 얻는 것은 코딩보다 훨씬 많은 노력이 든다. 예를 들어, 우주에서 블랙홀 위치를 예측하는 딥러닝 모델을 개발하려면, 훈련용 데이터는 수천에서 수만 장의 이미지나 데이터가 필요할 것이다. 이는 아기가 백지상태에서 수많은 학습을 해야 말과 행동을 하는 것과 비슷한 원리다.

딥러닝은 사물 인식, 차량 운전, 로봇 제어뿐 아니라 인간만이 할 수 있다고 여겨진 예술, 문학, 음악 등에서도 큰 성과를 가져와 기술 혁명을 가져왔다.

참고로, 세계적 인공지능 전문가인 페이페이 리 교수가 운영한 이미지넷(www. image-net.org)은 천4백만 개 이상 훈련 데이터를 무료로 공개하고 있다. 중국인 이민자 2세로 AI 분야의 세계적 전문가가 된 그녀는 TED 강연에서 연구성과를 멋지게 발표하였다. 이 TED 강연은 유튜브에 공유되어 있으니 참고하기 바란다.

페이페이 리 교수 TED 강연과 이미지넷
(Fei-Fei Li, 2015, How we teach computers to understand pictures, TED)

도구1 재미있는 인공지능 서비스

요즘은 인공지능이 그림도 그리고 음악도 작곡하며 뉴스와 소설을 쓰는 시대이다. 이 글에서 재미있는 몇 개의 사이트를 알려 주고자 한다.

❶ 인공지능 화가

Deepart.io는 딥러닝 기술을 이용해 그림을 그려주는 웹사이트이다. 자신이 찍은 사진과 그려지길 원하는 화풍을 선택하면, 잠시 후 사진이 화풍으로 그려져 그림이 만들어진다.

TURN ANY PHOTO INTO AN ARTWORK – FOR FREE!

DEEPART 웹사이트(deepart.io)

인공지능 화가(deepart.io)

❷ 캡션봇 AI

캡션봇 AI는 마이크로소프트에서 제공하는 이미지 인식 서비스이다.

사진의 인터넷 URL 주소를 입력창에 넣고 Go 버튼을 누르면, 사진 안의 인물, 인물 표정과 사물의 관계를 해석해 글자로 출력해 준다.

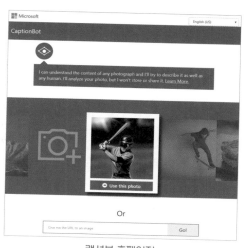

캡션봇 홈페이지
(www.captionbot.ai, Microsoft)

사진을 인식한 결과 인공지능이 사진을 보고 "I think it's a woman sitting on a chair and she seems …" 이렇게 말을 해 준다.

(CaptionBot, Microsoft)

❸ 얼굴 감정 인식 인공지능 Face

Face는 마이크로소프트에서
제공하는 얼굴 감정 인식 인공
지능이다. Face 홈페이지에 이
미지 주소(URL)를 입력하고 제
출하면, 인물의 감정이 놀람,
슬픔, 행복, 두려움 등의 수치
로 표시된다. 결과물이 꽤 정확
하여 많은 사람에게 화제가 되
었다.

Face 홈페이지
(azure.microsoft.com/ko-kr/services/cognitive-
services/face)

❹ 구글 오토드로우

구글 오토드로우(AutoDraw)
는 사람이 대충 그린 스케치로
가장 가까운 모양의 사물을 찾
아 그림을 그려주는 소프트웨
어이다.

구글 AutoDraw (www.autodraw.com)

도구2 **무료 인공지능 딥러닝 개발 도구**

구글, 페이스북, 아마존, 알리바바와 같은 세계적 소프트웨어 기업들의 인공지능에 대한 투자는 상상을 초월한다. 저명한 인공지능 연구소를 천문학적인 금액을 투자해 통째로 인수하는 것은 보통이다. 일본의 니혼게이자이 신문은 2017년 인공지능 기술 개발 투자액은 16조 원이 넘었다고 밝혔다. 앞으로 인공지능은 황금알을 낳는 거위가 될 것이고, 이 사업을 미리 선점하기 위한 경쟁은 치열하리라 생각한다.

이런 이유로 앞서 언급한 기업들은 앞다투어 인공지능 딥러닝을 구현할 수 있는 도구를 오픈 소스로 무료 공개하고 있다. 플랫폼 경제에서 인공지능 도구를 확산시키는 것은 경쟁에서 매우 중요한 것이다. 덕분에 우리들은 전 세계 인공지능 전문가들이 코딩한 인공지능 딥러닝 기술을 직접 개발할 필요 없이 무료로 사용할 수 있다.

이 글에서는 이와 관련된 대표적인 도구를 설명한다.

❶ 마이크로소프트 인지 툴킷(Microsoft Cognitive Toolkit)

》 www.microsoft.com/en-us/cognitive-toolkit

마이크로소프트에서 제공하는 인공지능 기계학습 개발 플랫폼이다. 다양한 딥러닝 오픈 소스 도구 및 예제를 지원한다.

최근 드래그&드롭으로 딥러닝 모델을 개발할 수 있는 머신러닝 스튜디오가 공개되었다. 사진에서 암을 진단하는 예제 등 유용한 프로젝트가 공개되어 있다.

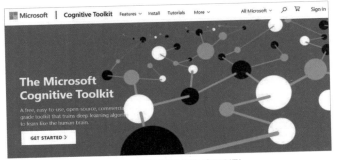
마이크로소프트 인지 툴킷 홈페이지
(www.microsoft.com/en-us/cognitive-toolkit)

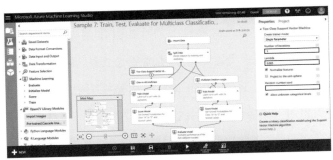
마이크로소프트 애저 머신러닝 스튜디오
(Microsoft Azure Machine Learning Studio, studio.azureml.net)

❷ 텐서플로(TensorFlow)

≫ www.tensorflow.org

구글에서 개발한 오픈 소스 딥러닝 플랫폼. 다양한 기능과 예제 지원으로 매우 인기가 많다. 텐서플로로 구글링해보면 앞서 이야기했던 인공지능 프로그램이 오픈 소스로 공개되어 있음을 알 수 있다. 텐서플로는 다양한 목적에 맞는 인공신경망 모델을 공개하고 있고, 누구나 사용하기 쉽게 예제 등을 제공하고 있다.

텐서플로 홈페이지
(www.tensorflow.org)

❸ 케라스(Keras)

≫ keras.io

처음 코딩을 하는 사람이 텐서플로를 사용하는 것은 어려울 수 있다. 케라스는 텐서플로 같은 도구를 좀 더 사용하기 쉽게 만든 인공지능 개발 도구이다. 손쉬운 사용법과 라이브러리로 가장 인기 많은 딥러닝 모델 개발 도구 중 하나이다.

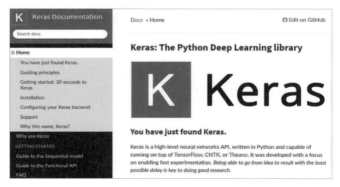

케라스 홈페이지 (keras.io)

❹ 토치(Torch)

>> torch.ch

토치는 페이스북에서 개발해 무료로 보급하고 있는 인공지능 개발 도구이다. 이 도구들이 잘 사용될 수 있도록 개발사에서는 동영상 따라 하기 및 예제 제공은 물론, 해커톤이나 교육 서비스도 무료로 제공하고 있다. 구글이나 인텔 같은 기업은 학교 교육기관과 연계해서 무료 교육을 제공하는 사례도 많아지고 있어 학습하는 데 더욱 좋아지고 있다.

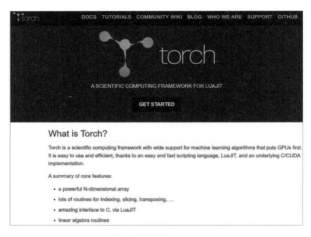

토치 홈페이지 (torch.ch)

힘든 일을 도와주는 친구
로봇

앞으로 우리 세상은 로봇과 함께 살아가는 곳이 될 것이다. 지금도 로봇은 창고 안에 물건을 자동으로 옮기고, 운전을 대신 하거나 하늘을 비행하고, 집을 짓는 등 사람이 하기 어려운 일을 하고 있다.

로봇은 컴퓨터, 센서, 모터로 구성되어 있는데 로봇을 움직이게 하는 핵심은 소프트웨어라 할 수 있다. 소프트웨어는 로봇의 영혼과 같아서 로봇이 행동하고 생각하는 방법을 제어한다.

창고에서 힘든 일을
도와주는 운반 로봇

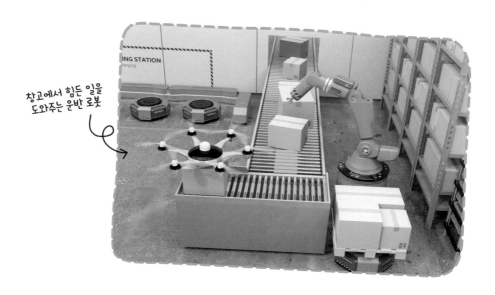

발전 중인 인공지능 로봇
(Atlas, SpotMini, Boston Dynamics)

최근 로봇은 인공지능기술을 적용해 사람만이 할 수 있는 수준까지 발전하고 있다. 보스턴 다이내믹스(Boston Dynamics)란 로봇 개발 회사는 뛰고 점프하거나 복잡한 건물을 탐색할 수 있는 로봇을 공개했다. 아틀라스(Atlas)와 스폿미니(SpotMini)란 이름의 로봇은 사람만큼 빠르게 이동하며, 위험하고 복잡한 공간을 아무 불평 없이 탐색하거나 작업을 할 수 있다.

참고로, 보스톤 다이내믹스는 MIT 연구실에서 시작하여 현재 소프트뱅크의 자회사이다. 이 회사는 150kg 짐을 운반할 수 있는 네 다리를 가진 빅

독(BigDog), 시속 45km로 달릴 수 있는 치타 등을 개발했다.

그런데도 아직은 가정마다 로봇을 사용하기 어려운 수준인 것은 사실이다. 로봇의 인공지능이 발전하고 있지만, 아직 인간보다는 많이 뒤처져 있고 사용하기에 큰 비용이 든다. 로봇이 고장 나면 수리할 곳도 마땅치 않다.

만약 집안을 청소하는 로봇의 1년 대여비가 가사 도우미 월급과 비슷하다고 가정하자. 할 수 있는 일이라고는 떨어진 물건만 줍고 자리에 갖다 놓는 것이라면 사람들은 이를 어떻게 생각할까? 가사 도우미는 로봇이 할 수 없는 음식도 만들어 줄 수 있고, 아이를 학원에 바래다주거나 힘들 때 따뜻한 말 한마디 해 줄 수도 있다.

물론, 로봇이 사람처럼 일하고 행동하려면 많은 시간이 걸리겠지만 특정한 목적 달성을 위해 개발된 로봇은 사람보다 효율적일 수 있다. 특히 로봇은 반복적이고 힘든 일은 사람보다 잘할 수 있다.

특수한 목적으로 개발된 로봇은 그 작업을 잘할 수 있는 형태로 만들어진다. 예를 들어, 자동차 기계 제조용 산업 로봇, 운전자 없이 목적지까지 스

스로 운전하는 자율 주행 자동차, 인명 구조나 탐사용 드론, 화성까지 여행하는 우주 탐사선, 행성 탐사 로봇, 물건이나 집을 출력하는 3D 프린터, 운반 및 배송 로봇, 안내 로봇, 힘들 때 사람을 위로하는 반려 로봇, 로봇 청소기 등은 로봇의 한 형태이다.

서비스 로봇 페퍼(소프트뱅크)

앞으로 로봇으로 우리가 할 수 있는 것은 무엇이고, 로봇이 우리들 삶에 어떤 영향을 미칠 수 있을지 생각해 볼 필요가 있다.

연수네 가족은 일본 여행 중이다.
어떤 가게에서 서비스 로봇 페퍼가 사람을 안내하고 있다.

와~ 로봇 페퍼다. TV에서 본 적이 있어.

안녕? 나는 페퍼야.

오~

한번 말해 보자. 연수야, 궁금한 것 있으면 물어 봐!

음… 세상에서 제일 맛있는 것은 뭐야?

무엇을 해야 부자가 될 수 있지?

 (얘네들 뭐야-.-) …

페퍼와 같은 서비스 로봇은 주변 사물을 인식하는 기능이 인공지능 기술로 코딩되어 있다. 페퍼는 원하는 장소로 이동할 때 주변 사물과 충돌하지 않도록 카메라, 초음파 센서, 레이저 거리 센서를 사용한다. 센서 데이터는 사물의 위치와 거리를 인식하는 비전(vision) 알고리즘을 실행하는 데 사용된다.

비전은 말 그대로 사람이 눈으로 사물을 보는 것과 관련된 모든 기술을 연구하는 분야이다. 딥러닝과 같은 인공지능 기술의 발달로 비전 기술은 움직이는 차에서 표지판 종류나 도로 위에 떨어진 장애물을 인식하는 수준으로 크게 발전되었다.

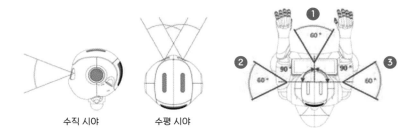

수직 시야   수평 시야

페퍼에 장착된 다양한 종류의 센서

아빠, 저 로봇 하나 사 줄 수 없어? 내가 좋은가 봐. 계속 따라 오네!

 그거 좋은 생각이다. (하나 사게 되면 부려 먹어야지!)

 그럴 돈 없다! 공부해서 취직 후, 돈 벌어서 네 돈으로 사렴.

 (옆에서 끼어들며) 직접 만들어 봐. 페퍼의 20분의 1 가격으로 만들 수 있어!

 오~ 그래요? (그건 사 준다는 이야기^^)

 어차피 로봇은 눈에 해당하는 카메라와 센서, 손과 발 역할을 하는 모터, 머리 역할을 하는 컴퓨터만 있으면 되거든. 각각 따로 사면 얼마 안 해.

 (째려보며) 베란다에 쌓여 있는 장난감은 언제 치울 거야? -.-
(돈이 하늘에서 떨어지나… 만들고 나면 치우지도 않을 거면서…)

사실 로봇 만들기가 취미로 자리 잡은 것은 꽤 오래전 일이다. 로봇 만드는 취미를 가진 많은 사람들이 스타트업을 했고, 메이커로 활동하면서 로봇 만들기 키트를 판매하고 있다. 알리바바가 운영하는 AliExpress에서 로봇 키트라고 검색하면 다양한 종류의 로봇을 볼 수 있다.

예전에는 로봇 개발은 전문가들만 하던 영역이었으나 아두이노같이 저렴

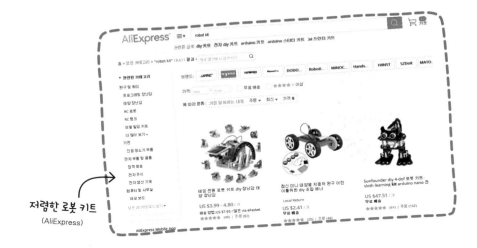

저렴한 로봇 키트
(AliExpress)

한 소형 컴퓨터와 표준화된 부품들이 싼값에 개발되고, 비전 알고리즘 등이 오픈 소스로 공개되면서 로봇 만들기 취미가 어른이나 학생에게까지 퍼지고 있다.

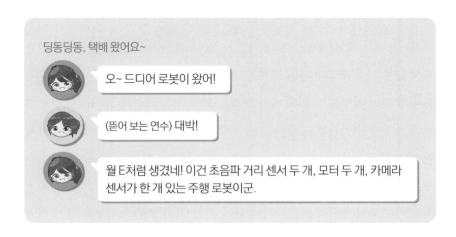

이 로봇은 바퀴가 양옆으로 두 개가 달린 로봇이다. 코딩을 해야 거리 센서 데이터를 이용해 장애물을 피해 다닐 수 있다. 선우는 색상 감지 센서를 이용해서 교통 신호 색상에 따라 로봇을 멈추거나 가도록 알고리즘을 코딩했다. 좌우에 거리 센서를 이용해 매번 거리를 측정한다. 좌측에 장애물이 있으면 우측으로 돌아 직진하고, 우측에 장애물이 있으면 좌측으로 돌아 직진한다. 현재, 로봇의 하드웨어는 대부분 표준화되어 있어 큰 차이가 없다. 하지만 로봇의 각 센서와 장치를 제어하는 소프트웨어는 급속히 발전하고 있다. 똑같은 로봇이라도 소프트웨어 성능에 따라 어떤 로봇은 점프하며 뛰어다

니지만 어떤 로봇은 천천히 기어 다닌다. 최근 인공지능 기술이 오픈 소스화되면서 드론과 같은 장난감 로봇에도 카메라로 사물을 인식해 사진을 찍고 장애물을 피해 다니는 수준으로 발전하고 있다.

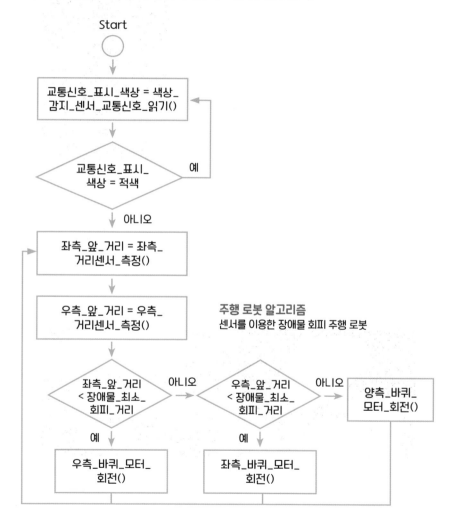

주행 로봇 알고리즘
센서를 이용한 장애물 회피 주행 로봇

ROBOT의 유례

로봇은 사실 체코어로 노동을 의미하는 robota 가 어원이다. 체코슬로바키아의 극작가 카렐 차페크가 1920년에 발표한 희곡 R.U.R에 쓴 것이 퍼져 사용된 것이다.

이후 로봇은 소설, 영화에 등장하게 된다. 특히, 독일이 1927년에 만든 메트로폴리스(Metropolis) 란 영화에서 로봇은 주인공으로 혁명을 주도하는 역할로 나와 많은 사람에게 큰 인상을 주었다.

이후 로봇은 산업 분야에 처음 사용되기 시작했다. 유니메이트(Unimate)는 1961년 세계 최초로 미국에서 개발된 산업용 로봇이다. 발명자 조지

메트로폴리스 영화 포스터
(Metropolis, 1927)

데볼은 세계 최초 로봇 제조 회사인 유니메이션(Unimation)을 창업했다.

이 로봇은 무겁고 반복적인 작업에 도움이 되는 로봇 팔(Robot Arm)을 부착하고 있다. 프로그래밍하여, 부품을 잡고, 용접하며, 조립할 수 있다. 로봇이 이용되는

유니메이트
(George Devol, 1961, Unimate)

자동차를 조립하는 가와사키-유니메이트
(Kawasaki-Unimate, 2018, robotics.kawasaki.com)

작업환경은 매우 열악해서 사람이 일할 때는 유독 가스에 중독되거나 조심하지 않으면 손발을 잃을 수도 있었다.

이 기술은 1969년 일본 가와사키 중공업에 이전되어 더욱 발전되었다. 그 당시 일본은 경제가 급성장하여 노동력이 매우 부족하였다. 가와사키는 1968년 유니 메이션과 기술 라이선스 계약을 체결해 로봇 기술을 습득하고 로봇을 만들었다.

도구 오픈 소스 DIY 로봇 – 직접 만들고 코딩하는 로봇

시중에는 수많은 교육용 코딩 로봇 제품이 있다. 대부분 기본적인 코딩 문법인 차례대로 실행하기, 반복하기, 조건에 따라 실행하기를 지원한다. 어떤 코딩 로봇은 거리 센서, 색상 감지 센서 등을 이용해 조건에 따른 다양한 동작을 할 수 있다. 보통 예제도 함께 제공하고 있어 학습하기 편리하다. 다만, 십만 원 이상 가격의 로봇을 사거나 학원에 다니며 배워야 한다.

만약 로봇을 직접 만들고 배울 시간이 있다면 오픈 소스로 직접 만드는 DIY(Do It Yourself) 로봇을 추천한다. DIY 로봇은 말 그대로 부품을 3D 프린팅하여 직접 만드는 로봇이다. 다 만들어진 로봇을 사면 장난감처럼 사용하다 먼지가 쌓일 수 있고, 학원에 가서 배우지 않으면 더 발전하기 어려울 수도 있다. 이때 DIY 로봇은 좋은 대안이 될 수 있다.

여기에서는 몇 가지 유명한 오픈 소스 DIY 로봇을 소개한다. 모두 아두이노같이 오픈 소스 하드웨어를 사용하기 때문에 부품비가 싸다. 로봇 모양은 공개된 3D 프린팅 모델을 이용하므로 주변 메이커 스페이스를 이용하면 저렴한 값으로 출력할 수 있다. 로봇 모양이 공개되어 있어 본인이 원하는 디자인의 로봇을 만들기 쉽다.

❶ 리틀봇

리틀봇(LittleBot)은 Slant Robotics가 킥스타터(Kickstarter) 캠페인으로 시작한 3D 프린팅 로봇으로 아두이노를 사용한다. STEM 교육에 적합하도록 디자인되어 학교에서 가르치기 좋게 되어 있다.

로봇은 블록클리(Blockly), 스크래치(Scratch)로 쉽게 코딩할 수 있고, 팅커캐드(TinkerCAD)를 이용해 로봇 모양을 새로 디자인할 수 있다. 이 로봇은 거리 센서가 달려 있어 움직일 때 바로 앞의 장애물을 감지할 수 있다. 리틀봇은 모든 소스 코드가 공개되어 있다. 아래 인스트럭터블 웹사이트에서 코드뿐만 아니라 3D 프린팅 모델, 조립 과정을 다운로드할 수 있다.

리틀봇 홈페이지를 방문하면 더 다양한 로봇을 볼 수 있다. 로봇 팔부터 종이에 그린 선을 따라가는 라인 팔로워 로봇 등이 오픈 소스로 공개되어 있어, DIY를 좋아한다면 한번 방문해 볼 필요가 있다.

DIV 로봇 리틀봇

(LittleBot, www.littlearmrobot.com)

리틀봇

(인스트럭터블, www.instructables.com/id/LittleBot-3D-Printed-Arduino-Mobile-Robot)

❷ 3D 프린티드 로봇

3D 프린티드 로봇은 기다란 다리를 가지고 뒤뚱뒤뚱 걸어 다니는 네발 로봇이다. 인트스턱터블에서 소스 코드와 로봇 부품 3D 프린트 파일을 무료로 제공한다. 제공되는 코드를 약간 수정하면 재미있는 패턴으로 걸어 다니는 로봇을 볼 수 있다.

3D 프린티드 로봇

(www.instructables.com/
id/3D-Printed-Robot)

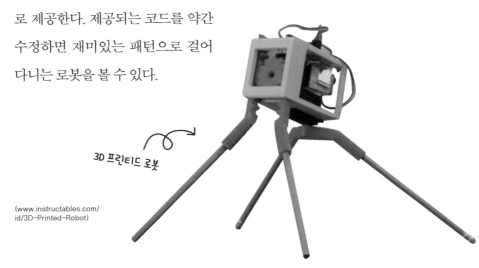

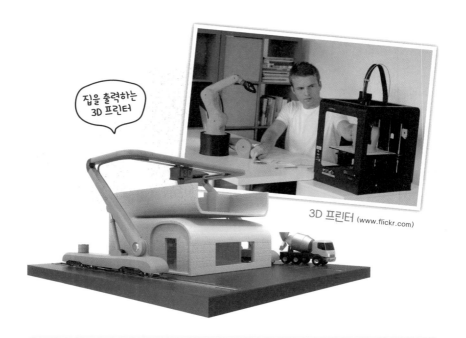

집을 출력하는
3D 프린터

3D 프린터 (www.flickr.com)

3D 프린터 - 가상의 세계를 현실로 출력하는 로봇

가상의 공간에서 디자인한 세계를 현실로 옮길 수 있는 기술이 있다. 3D 프린터
는 스케치업과 같은 도구로 디자인된 가상의 디지털 모형을 프린터처럼 출력할
수 있는 장비로 로봇의 일종이다. 싱기버스 홈페이지(www.thingiverse.com)를
방문하면 3차원으로 모델링된 장난감, 영화 속 주인공, 집, 도시, 행성 등 없는 게
없는데, 모두 3D 프린팅이 가능한 것이다.

3D 프린터로 출력할 수 있는 재료는 다양해서 플라스틱, 고무, 금속, 나무 등이 모두
가능하다. 이미 3D 프린터로 장난감부터 자동차, 비행기까지 출력한 사례가 있다.
3D 프린터는 오픈 소스라 가격도 저렴해져 구입해 사용하는 사람들도 많아졌다.

컴퓨터로 디자인된 모형은 실제 우리가 사는 크기로도 프린팅할 수 있는데, 재료
를 콘크리트로 바꾸면 실제 우리가 사는 집을 만들 수도 있다. 3D프린팅 기술은
가상 현실에 있는 모형을 현실 세계로 변환하는 장치로 볼 수 있다.

❸ BQ ZOWI

BQ ZOWI는 귀여운 머리가 두
발을 가진 로봇이다. 3D 프린팅
모델을 무료로 공유하는 싱기버
스 웹사이트에서 모양을 다운로
드 받을 수 있다.

마찬가지로 오픈 소스 공유 사
이트인 깃허브(Github)에서
BQ ZOWI 소스 코드(github.

BQ ZOWI 로봇

(싱기버스. www.thingiverse.com/thing:747010)

com/bq/zowi)를 다운로드 할 수 있으며, 관련 설명은 ZOWI 홈페이지
(diwo.bq.com/product/zowi)에서 제공한다.

ZOWI 홈페이지 (diwo.bq.com/product/zowi)

④ 휴머노이드 로봇 Poppy

Poppy는 휴머노이드 로
봇으로 컴퓨터 과학 교육
및 예술용으로 개발된 것
이다. Poppy 부품은 3D
프린팅 파일로 제공되
며, 소스 코드는 오픈 소
스로 제공된다.

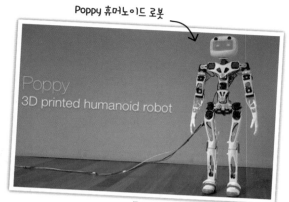

Poppy 휴머노이드 로봇

(Poppy 프로젝트. www.poppy-project.org)

이 로봇은 카메라가 있어 주변 사물을 인식하고, 머리에 달린 디스플레
이로 다양한 표정을 만들 수 있다. 사람처럼 걷고 앉을 수 있을 뿐 아니
라 스트레칭 같은 동작도 가능하다. Poppy는 Poppy 프로젝트로 진행
되고 있다.

이 프로젝트는 재미있는 여러 가지 로봇을 만들고 있는데, 픽사 애니메이
션에서 나오는 룩소 주니어 로봇처럼 생긴 Ergo Poppy Jr도 개발해 오픈
소스로 제공하고 있다.

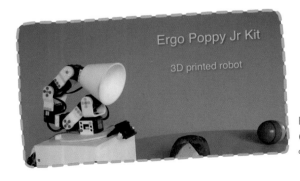

Ergo Poppy Jr Kit
(Poppy 프로젝트. www.poppy-project.
org/en/robots/poppy-ergo-jr)

Poppy Jr는 물건을 잡고 공놀이를 하거나 그림을 그리는 등 동작할 수 있다. Poppy 로봇은 스크래치 같은 블록 코딩 언어를 제공해 여러 가지 동작을 쉽게 만들 수 있는 장점이 있다.

참고로, 이러한 오픈 소스를 이용해 메이크블록(www.makeblock.com), 코드론(www.robolink.com/codrone) 같은 스타트업은 큰 성공을 하고 있다.

블록 코딩 언어로 제어하는 Poppy (Poppy 프로젝트)

이제 로봇을 쉽게 만들 수 있는 세상이 되었어!

시민 삶의 질을 높이는 도시
스마트시티

스마트시티는 시민들의 행복한 삶을 위한 서비스를 지속해서 지원하는 도시이다. 스마트시티는 시민에게 편리함을 제공한다. 좀 더 나은 삶의 환경, 환경 친화적이며 역동적이고 혁신적인 도시 환경을 제공해 준다.

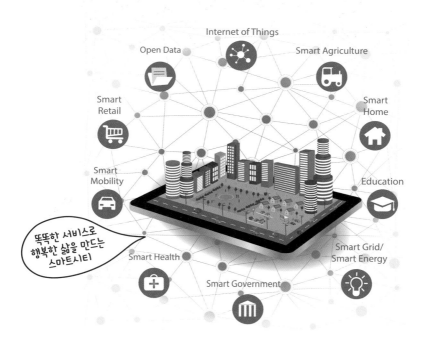

스마트시티는 빌딩, 홈, 교통, 교육, 인프라 등 다양한 서비스를 사람들에게 지능적인 방법으로 제공한다. 예를 들어, 우리가 사는 집의 온도를 귀가하기 전에 스마트폰으로 명령할 수 있다. 회사 건물에 불필요한 에너지가 낭비되고 있으면 관리자에게 스마트폰으로 알려 준다.

출근할 때 언제 버스가 도착하는지 스마트폰으로 미리 알려 주고, 근처 카풀로 등록된 차량이 있으면 자동으로 호출해 주기도 한다. 주말에 관광지로 놀러 갈 때는 어느 길로 가야 좋을지, 근처에 어떤 맛집이 있는지를 알려 준다. 만약 근처에 사고가 발생했다면 시민들에게 얼마나 위험한지 알려 주기도 한다.

이미 우리는 이런 서비스 중 일부를 사용하고 있다. 스마트시티는 도시 관리와 운영에 필요한 곳에 센서를 부착해 데이터를 얻고, 사람에게 편리한 정보를 전달하는 서비스를 제공한다.

스마트시티 세상은 많은 사람에게 행복한 서비스를 제공할 뿐만 아니라, 수많은 일자리를 제공할 수도 있다. 서비스를 만들고 데이터를 관리하기 위해 많은 노력이 들어가고, 이 과정에서 일자리는 자연스럽게 만들어질 수 있다.

(집에서 공부를 하던 중 집이 흔들리는 것을 느낀 가족들)

헉~ 언니! 뭐 흔들리는 것 못 느꼈어?

지진아냐? SNS 켜 봐.

(스마트폰을 보며) 경주에서 지진이 발생했대!

헐~ 우리나라에도 지진이 발생하는구나.

(며칠 후)

언니, 얼마 전에 지진이 발생했잖아…

그치.

그때 학교에서 공부하던 학생들이 어디로 피해야 할지 몰라서 겁이 많이 났었대.

주변에 어디로 피해야 할지 알려주는 사람이 없었나 봐.

응. 그래서 운동장으로 모이기도 하고 그랬다네.

스마트시티는 기본적으로 시민 삶의 질을 높이고 기본적인 안전을 보장하는 도시이다. 재난 재해 상황에서도 스마트폰같이 개인이 가지고 다니는 기기에 정보를 주어 사람들의 피해를 최소화할 수도 있다. 예를 들어, 재난 상황이 발생하면 정보를 알려주는 앱을 만들 수도 있다.

지진이 발생했을 때 정보를 알려주는 앱을 개발하기 위해서는 코딩이 필요하다. 앱 인벤터 같은 코딩 도구는 이런 앱을 개발할 때 유용하다. 아두이노 같은 오픈 소스와 저렴한 센서를 이용한다면 나름 의미 있는 서비스를 만들 수 있을 것이다.

지진이 발생하면 화재사고도 같이 나는 경우가 많대. 가스관이 깨지면 작은 불씨에도 폭발할 수 있거든.

(생각하며) 이럴 때 도움을 줄 방법이 없을까?

지진 났을 때 대피 장소를 사람들에게 스마트폰으로 알려줄 수 있는 앱을 만들어 보는 것은 어떨까? 진도에 따라 대피 방법을 함께 알려주면 더 좋을 것 같아.

그치. 그리고 가스가 새는 것을 감지할 수 있는 센서도 사용해 위험을 집에 있는 사람에게 알려주면 좋겠어!

선우가 개발한 지진 가스 알리미 앱
(SBS 모닝와이드, 2016)

스마트시티에서 이러한 서비스를 제공하기 위해 가장 중요한 것 중의 하나는 도시에 관련된 데이터를 개방하고 공유하는 것이다. 선진국에서는 도시 데이터 공유를 통해 안전, 교통, 교육 등 공공 데이터를 시민과 공유한다. 이를 통해, 사람들은 필요한 서비스를 직접 개발해 사용할 수 있고, 이중 높은 가치를 인정받은 서비스는 사업으로 발전해 유명한 스타트업이 만들어지기도 한다.

샌프란시스코는 도시 데이터 공유가 가장 활발한 도시 중 하나이다. 이곳의 스타트업을 지원하는 벤처캐피털 규모만 해도 32조 원(2017년 기준)이다. 에어비앤비, 우버 같은 업체는 도시의 공공 데이터를 활용하고 도시도 이를 적극적으로 지원한다. 이 결과로 시민은 좋은 서비스를 이용해 삶의 질이 높아지고 새로운 일자리도 만들어진다.

이렇게 이야기하면, 스마트시티가 마치 인공지능이 다스리는 도시가 아닐까 하는 생각을 할 수도 있다. 스마트시티의 목적은 도시에 사는 사람들 삶의 질을 개선하는 것이다. 이 목적에 인공지능, 사물인터넷은 하나의 도구일 뿐이지 필수 요소는 아니라는 것을 말해 주고 싶다.

스마트시티는 우리가 사는 환경을 지속가능한 환경으로 가꾸는 노력을 매우 중요하게 생각한다. 자연환경, 일자리, 복지, 이 모든 것은 우리를 둘러싸고 있는 도시의 환경이며, 이 환경이 개선되지 않으면 첨단 기술이 적용된 도시라 해도 소용이 없다.

유엔 국제기구에서는 환경과 함께 지속 가능한 도시 발전을 위해 SDG (Sustainable Development Goals; 지속가능개발목표) 지표를 만들어 매년 도시의 사람과 환경이 얼마나 좋아졌는지 발표를 한다. 여기에는 배고픔 없는 사회, 사회적 약자를 위한 배려 등이 포함되어 있다. 자연과 우리가 함께 사는 도시가 스마트시티의 비전이라는 것을 잊어서는 안 된다.

사례1 도시의 불법 주차 감지 인공지능 카메라

알렉스 벨은 프로그래머이다. 그는 주로 자전거를 타고 다니는데, 불법 주차한 차들 때문에 거리를 통행하기 힘들었다. 그는 공개된 인공지능 딥러닝 기술을 이용해 이 문제를 해결해 보기로 했다.

우선, 불법 주차하고 있는 지역에 카메라를 달아 얼마나 자전거 차선이 막혀있는지를 녹화했다. 그는 딥러닝 기술을 이용해 녹화된 영상에서 차량의 종류를 구분하고, 불법 주차된 차가 버스나 자전거의 흐름을 얼마나 방해하는지 숫자로 분석해 냈다. 이는 시 당국자에게 큰 인상을 주었고, 관련 문제를 개선하는 데 도움을 주었다.

그는 소프트웨어 코딩 기술을 사회문제 해결을 위해 사용했다. 이렇게 사회 문제를 해결하려는 노력은 사람들의 많은 관심을 받을 수 있고, 지역사회와 나 자신에게도 큰 도움이 된다.

버스 차로 불법주차 감시용 인공지능 기술 개발 사례
(Christopher Lee, 2018, Bus Lane Blocked, He Trained His Computer
to Catch Scofflaws, The New York Times)

유엔 국제기구가 개발하는 SDG

사람과 자연이 함께 어울려 사는 세상을 만들기 위해 유엔(UN), 국제 표준화 기구(ISO) 등 국제기구 전문가들이 모여 SDG(Sustainable Development Goals; 지속가능개발목표)를 개발하고 있다. SDG는 인간과 환경이 지속 가능할 수 있도록 도시를 개발하는 방향을 제시한 지표이다. 지표는 기아, 안전, 환경, 성 평등을 개선하기 위한 목표를 1에서 17까지 제시하고 있다.

SDG 리포트는 매년 발간된다. 유엔에서 채택한 2030 의제는 지속할 수 있는 도시 환경 개발의 비전이며 전 세계 국가의 지향점이 되고 있다.

2030 의제는 다음과 같이 빈곤과 굶주림에서의 탈출, 기후 변화 대응, 번영과 조화, 두려움과 폭력으로부터의 자유, 글로벌 파트너십을 전 세계에 제안하고 있다.

유엔 SDG 리포트와 목표

사람

이제 빈곤과 굶주림을 끝냅시다. 존엄성, 평등 그리고 건강이 보장된 환경에서 인간의 잠재력을 발휘할 수 있도록 합시다.

지구

우리는 현재와 미래 세대가 지구에서 살 수 있도록 환경 오염으로부터 보호해야 합니다. 이를 위해서 우리는 지속 가능한 소비, 생산, 천연자원 및 기후 변화에 대한 대처 방법을 생각해야 합니다.

번영

우리는 인류가 번영하고 성취하는 삶을 누릴 수 있도록 노력해야 합니다. 이를 위해 경제적, 사회적, 기술적 진보가 자연과 조화롭게 이루어지도록 해야 합니다.

평화

우리는 두려움과 폭력이 없으며 평화롭고 포용적인 사회를 원합니다. 지속 가능한 개발과 평화가 없다면 우리의 지속적인 발전은 불가능할 수 있습니다.

파트너십

우리는 세계 연대 정신에 따라 지속 가능한 개발을 위한 글로벌 파트너십을 통해 우리의 이웃, 빈곤층, 취약 계층을 돕는 데 필요한 수단을 만들기로 합니다.

유엔 2030 의제를 구체화한 SDG를 이루기 위해 우리는 무엇을 해야 할까? 그리고 기술은 어떤 역할을 할 수 있을까?

도시 환경 오염과 스마트시티

스마트시티는 첨단 기술을 적용해 도시 문제를 해결하고, 시민에 필요한 도시 서비스를 통합적으로 제공하여 이를 통해 시민 삶의 질 개선을 목표로 하는 도시이다. 스마트시티 개발은 세계 국가 정부들이 고민하는 상당히 중요한 이슈이다. 스마트시티는 도시의 급속한 성장에 따라 발생하는 몇 가지 문제를 해결하는 수단이 될 수 있다.

도시 인구 증가, 도시 인프라 구축에 대한 압력, 과도한 에너지 소비(지구 전체에서 70% 에너지를 도시가 소모함), 환경 오염(도시는 탄소 배출 오염의 주범), 에너지와 물의 부족, 교통 혼잡, 폐기물 처리 문제, 인프라 노화로 인한 안전 문제, 테러 문제 등이 복합적으로 발생하고 있다.

도시 공기 오염

도시 문제의 심각성은 선진국과 국제기구에서 추진 중인 스마트시티 관련 보고서에서 잘 드러나고 있다. 다음은 그 보고서 중에서 표현된 현재 도시가 직면한 상황을 잘 보여 준다.

"유럽 인구의 대다수는 중소 도시에 살고 있으며, 유럽 인구의 7%만이 인구 5백만 명이 넘는 도시 지역에 살고 있다. 반대로 중국은 전례가 없는 도시화 수준을 경험하고 있는데 2050년까지 2억9천2백만 명 이상이 도시 지역에 살 것으로 예상된다.

도시 인구가 2011년과 2050년 사이에 36억 명에서 63억 명으로 72%까지 상승할 것으로 예상됨으로써 그에 따른 도시화 비율도 계속 높아질 것이다.

이러한 상황의 대부분은 아프리카와 아시아에서 발생할 것으로 예상된다. 중국과 인도는 2050년까지 세계 도시인구 증가의 최소 1/3 이상을 차지할 것이다. 유럽은 이미 고도로 도시화한 상태이지만, 많은 도시가 보다 도시화 비율이 높은 도시들처럼 거주 효율성 및 지속 가능성을 향상하려 노력하고 있다."(유럽연합, 2014, Comparative Study of Smart Cities in Europe and China 보고서)

이렇게 초밀도로 사람들이 모인 도시는 필연적으로 지속할 수 있는 삶에 필요한 자연환경과 서로 상충하는 문제가 발생한다. 도시 테러의 위험도 커질 뿐만 아니라 재해가 발생할 때 그 피해도 크다. 이런 문제를 어떻게 해결해 나갈지 국제기구에서 논의하고 있다. 스마트시티는 그 해결방안 중 하나가 될 것이다.

사례4 **캐나다 DIY CITY 프로젝트**

DIY CITY 캠페인

캐나다 에드먼턴 시에서 DIY CITY란 흥미로운 프로젝트가 있었다.

DIY CITY 프로젝트는 도시 문제를 시민 손으로 해결하고 환경을 개선하자는 운동이다. 이 도시는 시민들이 도시 환경을 개선할 수 있는 방향을 제시하고, 시민 참여형 축제를 지원하였다.

DIY CITY는 시민을 위한 일종의 파티처럼 진행되었다. 개방된 도시 공

(Jody Bailey, 2015, DIYCITY – THE POWER OF SMALL PROJECTS)

간에서 시민들이 자연 환경, 예술, 교통 등 다양한 아이디어를 제안하고 참여하였다. 이 프로젝트는 스스로 생산자이자 소비자가 되는 프로슈머 시대의 메이커 운동 및 오픈 소스 운동과 유사한 면이 있다.

DIY CITY의 아이디어는 스마트시티와 관련해 우리에게 시민 참여 중심적이고 실천적인 방향이 얼마나 중요한지를 알려준다. 도시의 주체인 시민이 참여하지 않는 스마트시티와 서비스 개발은 무의미한 것이다.

DIY CITY는 다음과 같은 질문을 우리에게 던져 준다.

- 첨단 정보통신 기술이 시민 삶의 질을 개선하는 데 정말 도움을 줄 수 있을까?
- 시민 참여가 없는 스마트시티는 어떤 가치가 있을까?

- 지속 발전 가능한 도시의 자연환경과 시민 삶의 질 개선이 공존할 수 있을까?
- 시민 삶의 질을 개선하는 의미 있는 서비스는 어떻게 찾을 수 있을까?

DIY CITY는 시민이 공공 서비스 개발에 적극적으로 참여하도록 유도한다. 예를 들어, 오픈 소스 사물인터넷 장치를 제공하고 시민들이 직접 도시 문제를 해결하기 위한 아이디어를 해커톤(해킹-hacking과 마라톤-marathon의 합성어로 제한된 시간 동안 유용한 서비스를 개발하는 공모전) 같은 방식으로 구현한다. 좋은 아이디어는 정책에 반영하고, 비즈니스 가치가 있다면 사회기업으로서 역할을 할 수 있도록 비영리기관 개발이나 창업을 지원하는 것이다.

최근, 이와 유사하지만, 좀 더 세계적이고 체계적으로 진행되고 있는 팹시티(Fab City; https://fab.city)가 있다. 팹시티는 자급자족 가능한 도시를 만들기 위해 노력하는 세계 비영리단체이다. 팹시티 홈페이지를 방문하면 도시 문제를 해결하는 다양한 아이디어를 얻을 수 있다.

(Jody Bailey, 2015, DIYCITY - THE POWER OF SMALL PROJECTS)

가끔 밤하늘에 별을 보고 있자면, 우리가 사는 지구와 우주에 대해 경외감이 들 때가 많다. 사람은 우리가 사는 곳이 어떻게 만들어 졌는지 궁금해한다. 가만히 검은 밤하늘에 떠 있는 달과 별이 움직이고 있다는 사실을 깨닫는 순간 우리가 교실에서 배웠던 느낌과는 사뭇 다른 자연의 신비로움이 마음속으로 다가온다.

우리는 신비로운 느낌에 이끌려 미지의 공간을 탐험한다. 인간은 양자역학, 유전자 분석과 같이 미세 과학부터 지구 심해, 화성, 딥 스페이스 같은 거대 공간까지 탐험하고 있다. 인류는 끈질기게 자연법칙의 비밀을 밝혀내기 위한 노력을 하고 있다.

자연법칙을 밝히기 위해 인류가 사용한 도구는 철학과 수학이다. 철학은 사고의 깊이와 폭을 넓혀 주었고, 수학은 자연법칙을 수식으로 만들어 과학 발전에 큰 역할을 하고 있다. 수학을 이용해 우리는 자연에서 관찰한 자료를 바탕으로 법칙과 계산식을 만들 수 있다.

컴퓨터의 발전으로 복잡한 계산식은 프로그램으로 코딩하고 빛 같은 속도

코스모스(cosmos)는 '우주'라는 뜻

로 계산될 수 있었다. 컴퓨터는 군사용으로 개발되었으나, 이후 과학자들에게 연구용으로 사용되어 큰 성과를 얻는다.

자연법칙은 디지털 공간에서 가상으로 시뮬레이션이 될 수 있었고, 이는 위험한 일을 하기 전에 시험해 보는 방법으로 효과가 있었다. 예를 들어, 우주에 탐사선을 보내거나 해저 심해를 가야 할 때 미리 시뮬레이션해 보면 탐사선을 제어하는 프로그램이 제대로 코딩되었는지 알 수 있었다. 코딩은 자연법칙을 탐험하는 유용한 방법이다.

(현관문을 열고 들어오는 선우와 연수)

  아싸~ 방학이다!

 (부러워하며) 직장인은 왜 방학이 없는 거야!

 (아직 철이 덜 들었군) 여보, 부러우면 지는 거야.

 근데 방학 숙제가 걱정이네.

 오~ 방학 시작하자마자 숙제 걱정? (기특해!)

 넌 방학 숙제가 뭐야?

 (걱정 많은 연수) 식물을 한 달 동안 키워서 매일매일 식물 잎의 크기와 키 기록하기. 그래프로 그려 오래.

 좀 귀찮겠다.

 쉽게 할 수 있는 방법이 없을까?

 엑셀 프로그램 이용해 봐! 날짜별로 식물 잎 크기와 키를 기록하면, 그래프는 자동으로 만들어 줘.

 굿 아이디어~

240

식물은 온도가 따뜻하면 잘 크잖아. 온도에 따라 식물이 얼마나 잘 자라는지 함께 기록해 보는 것도 좋겠어.

 (오~ 이런 생각까지) 얼마 전 만들었던 IoT 센서를 사용하면, 온도나 습도가 식물 크기와 길이에 어떤 영향을 주는지도 알 수 있을지 몰라.

온도나 습도가 식물에 어떤 영향을 주는 것은 분명하다. 시간에 따라 식물 성장 지표인 크기나 키를 온도 및 습도와 함께 기록하면, 그사이 관계가 무엇인지 좀 더 분명히 알 수 있을 것이다. 이 관계를 수식으로 만들면, 실제 식물을 심어보지 않고도 시간과 온도, 습도에 따라 식물이 얼마나 자랄 수 있는지를 알 수 있을 것이다.

식물 성장과 환경의 관계

호기심에서 시작했지만, 이렇게 자연법칙을 발견하면 다양한 곳에 응용할 수 있다. 예를 들어, 농업 등 산업에 응용하면 같은 비용으로 큰 수확을 얻을 수 있다. 스마트팜(Smart Farm)에 필요한 문제 해결에도 도움을 줄 수 있다. 참고로 관련 시장은 크게 성장 중인데 스마트 농업 시장 규모는 2023년 135억 달러로 예측하고 있다(MarketsandMarkets).

자연에서 관찰한 자료를 수식화하고 그래프가 자동으로 만들어지는 도구에는 여러 가지가 있다. 마이크로소프트에서 개발한 엑셀은 과학자들도 잘 사용하는 도구 중 하나이다.

매트랩(MATLAB)과 같이 구입해야 사용할 수 있는 자연과학 분석용 도구도 있지만 오픈 소스로 공개된 것도 많다. 최근에는 많은 과학자가 통계 분석, 인공지능 기능이 탑재된 오픈 소스 프로그램을 사용한다. 이중 유명한 것은 지오지브라(GeoGebra), 옥타브(Octave), R 등이 있다.

사례 케이티 바우만
– 블랙홀 사진 촬영 알고리즘을 만든 연구자

SF영화에 많이 등장하는 소재인 블랙홀은 다양한 모습으로 영화 속에 나타나지만 실제 우리 눈으로 본 적이 없어 상상으로 그린 것이다. 블랙홀은 빛도 탈출하지 못할 만큼 강한 중력을 가지고 있기 때문에 직접 볼 수가 없다. 다만, 블랙홀이 강하게 주변 가스를 빨아들일 때 발생하는 빛을 통해 간접적으로 블랙홀을 확인할 수 있다. 이를 블랙홀의 그림자라 한다.

하지만 지구와 가장 가까이 있는 블랙홀조차도 현재 우리가 만든 망원경

기술로는 블랙홀 사진을 찍는다는 것이 불가능하다는 것이 문제였다.

이 문제의 해결을 시도한 연구자가 케이티 바우만이다. 그녀는 1989년 미국에서 태어나 미시간 대학에서 전자공학을 배우고 MIT대학에서 컴퓨터공학을 전공했다. 그녀는 사건지평선망원경(EHT; Event Horizon Telescope) 개발 프로젝트에 참여하면서 블랙홀 사진을 촬영할 수 있는 혁신적인 알고리즘을 주도적으로 제안한다.

그녀는 박사과정 중에 TEDx에 출연하여 어떻게 블랙홀 사진을 찍는지에

블랙홀 사진 작성 알고리즘을
설명 중인 케이티 바우만 (TEDx)

세계 최초로 블랙홀 사진을 완성한 케이티 바우만
(Katie Bouman 페이스북)

세계 최초의 블랙홀 사진 (Wikipedia)

대한 인상적인 연설을 하였다. 그 연설에서 그녀는 각 대륙에 설치된 여러 대의 전파망원경에서 얻은 데이터를 조합해 퍼즐처럼 맞춰 블랙홀 사진을 생성하는 알고리즘을 보여주었다.

2019년 4월 그녀가 개발에 참여한 프로젝트는 세계 최초로 지구로부터 5500만 광년 거리에 떨어진 블랙홀 사진을 완성하는 데 성공한다. 그녀는 불과 29세 때 역사적인 발견의 주인공 중 한 명이 된 것이다.

그녀는 블랙홀 사진을 촬영하기 위해 파이썬으로 코딩된 컴퓨터 비전과 인공지능 기술을 사용하였다. 그녀가 만든 알고리즘은 이 프로젝트에 참여한 많은 다른 연구자들이 만든 알고리즘과 함께 깃허브(github)란 사이트에 올려져 연구의 결과를 오픈 소스로 공유하고 있다.

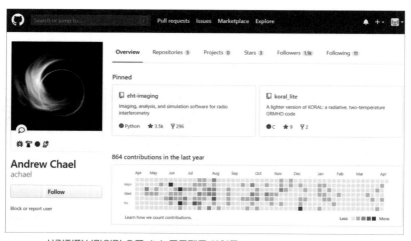

사건지평선망원경 오픈 소스 프로젝트 사이트 (깃허브, https://github.com/achael)

알고리즘은 파이썬 언어로 코딩되어 있으며 알기 쉽게 설명되어 있다.

이 프로젝트에서 그녀의 공헌은 아이디어와 알고리즘을 제안하고 일부 개발에 참여한 것이지만 프로젝트 성공에 큰 공헌을 한 것은 사실이다. 그녀의 성취는 그녀가 컴퓨터 알고리즘을 개발하지 못했다면 할 수 없었던 일들이다.

도구1 지오지브라
- 편리한 수학 교육 도구

지오지브라(GeoGebra)는 수학 교육 도구로 우리가 교과서에서 배웠던 모든 내용을 배울 수 있게 프로그램으로 구현해 놓은 것이다. 간단한 수학 계산부터 함수, 기하학, 미적분, 통계, 그래프 등 대부분의 수학 분야가 구현되어 있다. 지오지브라는 직관적인 인터페이스를 지원하고 있어, 정의된 함수에 따라 화면에 그래프로 쉽게 출력된다.

지오지브라 웹사이트 (www.geogebra.org)

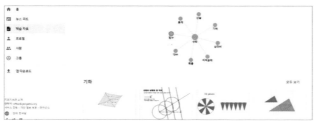

지오지브라의 다양한 학습 자료

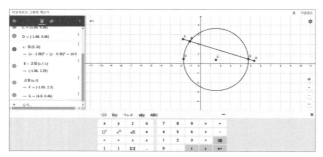

지오지브라 편집기

2002년 오스트리아의 마르쿠스 호헨바터가 개발한 지오지브라는 오픈 소스며 웹 기반으로 실행된다. 스마트폰이나 스마트패드에서도 실행되어 교실에서 수업하기 좋다.

좀 더 복잡한 수학 모델링을 위해 코딩 언어를 제공하고 있는데 사용 방법은 웹사이트에 공개되어 있고, 튜토리얼도 있어 학습하는 데 그리 어렵지 않다. 지오지브라는 한글로 되어 있어, 국내 중고등학교에서 주로 칠판에 그리기 어려운 도형이나 함수 그래프를 그려서 학생들의 직관력을 높이는 데 사용되며 수업에 실제 교사들이 많이 사용하는 프로그램이다.

지오지브라는 수학 문제해결을 지원하는 도구이다. 그러므로 대화식으로 작동하는 수학 함수나 수식을 코딩하고, 이를 교재로 인터넷에 공개할 수 있다. 지오지브라 편집기는 수학 식, 함수, 기하를 모델링할 수 있는 명령을 제공한다. 명령을 직접 코딩하기 어려운 사람을 위해 툴바를 제공하여 손쉽게 교재를 개발할 수 있다.

지오지브라를 사용하는 상세한 방법을 알고 싶다면, 아래 매뉴얼을 참고하자.

지오지브라 매뉴얼(영문)
static.geogebra.org/book/intro-en.pdf
자료 다운받기

지오지브라는 인터넷 접속되는 컴퓨터만 있으면 무료로 사용할 수 있고 사용법이 어렵지 않아 집에서 홈스쿨링하는 부모에게도 유용하다.

도구2 오픈 소스 통계 소프트웨어 - R

R은 많은 과학자, 연구자들이 널리 사용하는 통계 프로그래밍 도구이다. 처음에는 수학 통계 계산에 특화된 프로그램이었지만, 현재는 최신 수학 기법을 포함한 인공지능 같은 기능도 추가되어 있다. 많은 연구자들은 R을 이용해 자료를 해석하고 분석한 결과를 만들어 논문으로 발표한다.

R은 1993년 오클랜드 대학교에서 개발된 통계 소프트웨어로 값비싼 SPSS, STATA, SAS와 같은 프로그램과는 달리 오픈 소스이며 무료로 사용할 수 있다. 또한 R은 유닉스, 윈도우, macOS에서도 실행된다. 자료 분

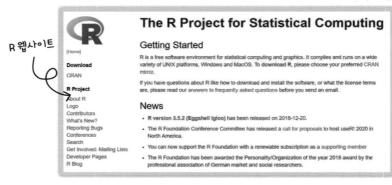

R 웹사이트

석을 위한 별도 코딩언어인 R을 제공한다.

만약, 식물 성장에 어떤 요소가 영향을 주는지 알아보기 위한 시험을 계획하고 있다고 가정하자. 온도 및 습도나 영양소와 같은 몇몇 요소가 식물 성장에 얼마나 좋은 영향을 주는지, 어떠한 관계가 있는지 확인하고 싶다면, R 언어를 이용해 수학적으로 그 값을 확인할 수 있다. 다음은 이 문제를 R 언어로 코딩한 것이다.

```
humidity <- c(54, 64, 75, 49, 52, 77, 94)
plant_height <- c(53, 60, 70, 49, 53, 70, 69)
cor(humidity, plant_height, method = "pearson")
plot(humidity, plant_height)
```

R을 설치한 후, 이 프로그램을 실행하면 습도(humidity)와 식물의 키(plant

height)와의 상관관계를 계산해 출력하고, 그래프를 출력해 준다. 참고로, 인터넷 온라인에서 실행되는 R 도구인 rdrr.io(rdrr.io/snippets)도 사용 가능하다.

R은 연구 목적으로 개발되었지만, 일반적인 자료 분석에도 매우 유용하다.

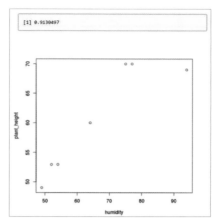

R 실행 결과 (rdrr.io/snippets)

도구 3 **무료 공학문제 해결 도구 – 옥타브(Octave)**

과학자가 많이 사용하는 매트랩(MATLAB)은 수치해석, 행렬, 기하학과 같은 복잡한 계산을 대신 해 주는 도구이다. 자료 분석 및 문제 해를 구하기 위해 C언어와 비슷한 매트랩 언어를 사용한다. 다만, 가격이 매우 비싸 일반인이 사용하기 힘들다.

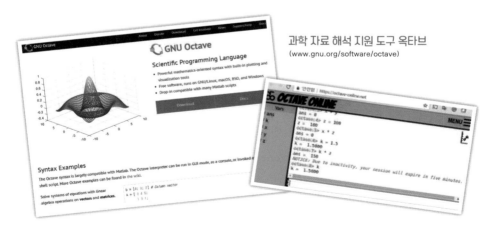

과학 자료 해석 지원 도구 옥타브
(www.gnu.org/software/octave)

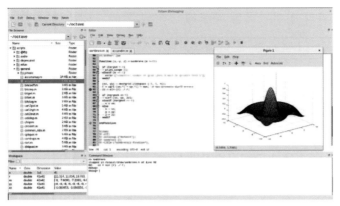

옥타브 프로그램

소개할 옥타브(Octave)는 매트랩 언어를 지원하면서 무료로 사용할 수 있다. 옥타브는 프로그램을 설치할 필요 없이 옥타브 온라인(octave-online. net)상에서 코딩하고 결과를 확인할 수 있다.

옥타브 홈페이지에서 프로그램을 설치하고 실행하면, 다음과 같이 코딩할 수 있는 편집기와 결과를 확인할 수 있는 화면이 배열되어 있다.

옥타브는 이미지 분석, 음성 처리, 통계, 인공지능 등 다양한 기능을 지원하고 있어 다양한 자료를 분석하기 쉽다.

옥타브는 오픈 소스로 누구나 무료로 사용할 수 있다. 전 세계 수많은 옥타브 사용자는 위키 페이지를 통해 사용법이나 사례를 공개하고 있고, 모르는 점은 커뮤니티 사이트에 글을 올려 도움을 받을 수 있다.

옥타브 사용자가 여는 행사인 옥타브 콘퍼런스도 있는데 이곳에서 전 세

옥타브 콘퍼런스

(wiki.octave.org/OctConf_2017)

계에서 참여한 과학자, 공학자, 교육자가 옥타브 활용사례와 연구 논문을 공유한다.

예를 들어, 2017년 콘퍼런스는 CERN(Conseil Européen pour la Recherche Nucléaire; 유럽 입자 물리 연구소)에서 3일간 개최되었다. 이곳에서 인공지능 신경망, 25년간 진행된 옥타브 개발 과정 및 발전 방향, 희소 행렬 체계, 자료 병렬 처리, 최신 시뮬레이션 기술이 소개되었다. 콘퍼런스는 아이들과 함께 오는 참석자를 위한 어린이 케어 서비스도 제공되었다.

직접 만들고 공유하는 사람들
메이커 운동

코딩은 그 자체만으로는 사람들이 만지고 동작하는 작품을 만들어 내기 어렵다. 사실 코딩은 하나의 도구일 뿐이다.

서비스나 작품 하나를 만들려 해도 아이디어가 필요하고 디자인도 해야 한다. 물건을 제작하거나 만든 작품을 전시하고 판매하는 과정도 필요하다. 이 모든 과정을 직접 해보는 사람을 메이커라 한다.

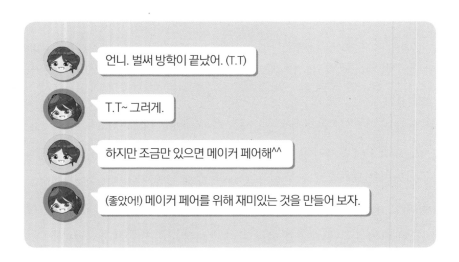

언니. 벌써 방학이 끝났어. (T.T)

T.T~ 그러게.

하지만 조금만 있으면 메이커 페어해^^

(좋았어!) 메이커 페어를 위해 재미있는 것을 만들어 보자.

근데 뭘 만들지?

 얼마 전 영화 쥬만지 봤잖아. 드웨인 존슨이 함정을 지나갈 때 정말 스릴있던데.

 나도 정말 재미있었어.^^

 그거 만들어 보자. 함정 여기저기 넣고, 칼날도 돌아가도록 말이야.

 마지막 장면에 쥬만지 월드 수호신 치타에 보석 넣는 장면도 게임으로 만들자.

 ㅇㅋ 그럼, 함정 피해 보석을 치타 머리에 놓으면 우리가 만든 펜던트를 선물로 주자.

 맞아. 좋아할 거야^^

쥬만지 게임 아이디어 구상(2018)

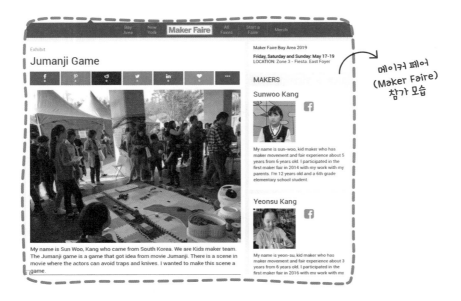

메이커 페어
(Maker Faire)
참가 모습

미국에서 2006년부터 시작한 메이커 페어(Maker Faire)는 메이커들이 모여 즐기는 축제이다. 이 과정에서 만든 작품들은 모두 오픈 소스로 공개한다. 이를 통해, 다른 사람도 직접 만들어 보는 경험을 얻도록 한다. 수많은 스타트업이 메이커 페어를 통해 시작되었고, 사회와 기술 발전에 큰 영향을 주고 있다.

메이커 운동에서 중요한 것은 어떻게 함께 아이디어를 상상하고, 재미있는 것을 만들어 낼 수 있는지 그 방법과 과정을 알려주고, 이를 통해 자신이 상상을 현실로 실현할 수 있는 능력이 있다는 믿음을 주는 것이다.

이러한 자기실현에 대한 강한 믿음은 꿈과 관련된 작품을 상상하고, 메이크한 작품을 전시하고, 전시 과정에서 얻은 다양한 경험을 주위 사람들과 함께 나누는 과정에서 자연스럽게 생겨난다.

사례1 메이커에서 스타트업 CEO 유명인이 된 아이어 비데어

여기에, 메이커로 시작해서 유명한 스타트업 사업가가 된 아이어 비데어 이야기를 해 보자. 아이어 비데어는 컴퓨터 공학으로 공부를 시작했다. 그리고 자신의 지식을 미디어 아트와 융합을 했다. 그녀의 미션은 기술

아이어 비데어
(Hanae Ko, 2009, Where I Work AYAH BDEIR, ArtAsiaPacific)

의 민주화를 통한 자아실현이다. 남성 위주의 비민주적인 공학 분야에서 그녀는 반발하고 세상을 조금이라도 변화하기 위해 노력했다. 자신의 아이디어를 실현하기 위해 수년간 노력하여 리틀비츠를 개발하였다.

아이어 비데어가 개발한 리틀비츠는 전자회로 교구다. 전자회로의 원리를 전혀 몰라도, 납땜이 필요 없이 쉽게 전자회로를 만들고 재미있는 것을 만들 수 있는 제품이다. 마치 레고블록 조립하듯이 재미있는 것을 만들 수 있다.

리틀비츠로 만드는
전자회로 프로젝트
(littleBits; The King of
Random. YouTube)

리틀비츠의 전자회로는 레고블록 하나에 모터나 LED 등이 하나 붙어 있는 형태로, 각 블록은 자석이 붙어 있어 자석으로 블록이 쉽게 붙게 되어 있다. 이때, 회로 연결이 되는 방식으로 납땜이 필요 없다. 그래서 4~5세 정도 되는 어린이들도 쉽게 전자회로를 만들 수 있다. 이런 이유로 교육용으로 많이 사용되고 있다.

아이어 비데어는 안정적인 직장을 구해 안주하기보다는 무언가 사회에서 의미 있는 변화를 만들려고 노력한 용기 있는 여성이다. 아이어 비데어는 리틀비츠를 개발하기 위해 안정적인 직장을 얻기보다는 스타트업을 만들었다. 공학 분야는 전통적으로 남성 위주로 시스템이 짜여 있다. 아이어 비데어는 이러한 어려움을 자신에 대한 믿음과 열정으로 문제를 해결하며 리틀비츠를 성공시켰다.

아이어 비데어는 2012년 TED에 출연하여 자신의 이야기를 전 세계 사람들과 공유하였다. 2013년 패스트 컴퍼니에서 가장 창조적인 인물 100인에 뽑혔으며, 2014년 뉴욕 비즈니스 저널에서 영향력 있는 여성으로 상을 받았다. 2016년에는 비즈니스 인사이더에서 가장 영향력 있는 여성 엔지니어 26명에 뽑혔다.

코딩, 아두이노, 오픈 소스와 같은 것은 자아실현 과정에서 사용하는 수많은 것 중의 하나일 뿐이다. 그 자체가 점수화되고 목적화되면 그 사이에 아이어 비데어와 같이 인생의 미션 같은 것은 자리 잡을 틈이 없을 것이다.

사례 2 메이커 교육

메이커란 자유롭게 무언가를 만들고 즐기는 사람을 뜻한다. 메이커들이 즐기는 축제인 메이커 페어는 메이커가 만든 작품을 다른 사람들과 공유하고 즐기는 이벤트이다. 당연히 메이커는 남녀노소 제한이 없다.

메이커 교육은 아이들이 자신의 재능과 적성을 살펴 직접 발명품이나 작품을 만들고 공유함으로써 교육적 효과를 얻는 활동이다. 어릴 때부터 메이커 활동을 하는 실비아 토드는 그 노력을 인정받아 12살에 백악관에 초청될 만큼 유명인사가 되었다.

메이커 교육은 현실 문제를 해결하는 방식이 효과적으로 도시, 환경, 재난 재해, 사회 문제 등이 해결대상이 될 수 있다.

백악관에 초청된 실비아 토드
(The New York Times, 2013, A Science Star Already, Tinkering With the Idea of Growing Up)

(Maker Faire, makezine.com)

메이커 페어 전시작품 (Emcee Grady, 2014, Maker Faire Bay Area - Come Say Hey!, sparkfun.com)

국내에서도 메이커 교육은 정부와 민간을 중심으로 퍼지고 있다. 예를 들어, 서울 교육청은 2017년 11월에 4차 산업혁명 시대에 필요한 학생들의 창의적 문제해결력, 공유능력을 강화하고, 융합적 사고에 기반한 창작 문화를 확산시키기 위해 '서울형 메이커 교육 중장기 발전 계획'을 발표하고, 2018년부터 단계적으로 추진하고 있다. 최근, 정부는 전국 학교에 메이커 교육을 위한 환경 마련을 지원하고 있다.

LRNG의 플레이리스트 - 현실 문제 중심 교육

LRNG는 교육을 현실의 문제에서 시작하는 메이커 교육 플랫폼이다. LRNG는 컵스카우트 배지에서 그 개념을 가져왔다. 각 챕터를 수행할 때마다 현실 속에서 해결해야 할 미션이 있고, 그 미션을 수행하면, 배치를 받아, 경험치(XP)가 높아지는 방법으로 교육 시스템을 개발하였다.

학생이 경험을 통해 해결한 과정은 디지털 포트폴리오가 된다. 이는 학생의 좋은 이력서로 사용될 수 있다.

이런 접근은 학생이 사회 문제를 참여하고 스스로 해결해 나가는 능력을 키워준다.

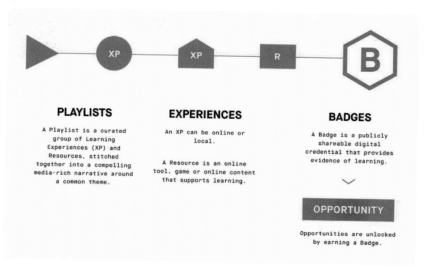

LRNG의 플레이리스트와 경험치
(Connie Yowell, 2018, Building on the Power of Digital Badges to Create Future-Ready Learning and Job Experiences for Students, LRNG)

함께 만드는 코딩

코딩은 혼자 하는 것보다 가족이나 친구들과 함께 하는 것이 좋다. 코딩은 재미있거나 좋은 것을 만들기 위한 하나의 도구일 뿐이지, 코딩만으로 문제가 해결되는 경우는 별로 없다는 것을 명심해야 한다.

문제를 중심에 두고 코딩을 활용하는 접근법을 문제 중심 코딩(problem-oriented coding)이라 한다. 코딩은 요리처럼 실전이 중요하다고 생각한다. 앞에서 언급했듯이 우리가 말하고자 하는 메시지를 전달할 수 있는 매체 예술 작품을 아두이노를 이용해 만들 수 있고, WiFi나 블루투스를 이용해 화재 알림 장치, 어린이 안전귀가 장치를 만들 수도 있다. 유니티 같은 게임엔진을 이용해 지진이나 재난이 발생했을 때 가상현실 시뮬레이션을 만들 수도 있다. 중요한 것은 이런 모든 이야기가 우리와 밀접하게 관계된 것이어야 의미가 있다는 것이다.

최근 일부 교육기관, 학원에서 이뤄지는 코딩 교육은 코딩 기법 그 자체에 치중된 있는 면이 있다. 입시 공부처럼 수업이 짜여 있고, 등급이 있고, 외워야 할 것들이 있다. 시험을 통해 수업에서 배운 것을 확인하고 등급을 정하기도 한다.

하지만, 실제 유명한 소프트웨어를 개발한 개발자나 해커들은 이런 식으로 공부하지 않았다. 본인이 필요한 것을 만들기 위해 필요한 것을 그때그때 공부하고 오픈 소스를 사용하며 개발했다. 우리가 수학이나 영어를 공부하듯이 코딩을 공부할 수는 없다.

컴퓨터 언어 문법을 외우고 시험을 보는 것보다는 세상의 문제를 컴퓨터로 해결하고자 하는 열정이 더 중요하다. 열정이 있다면, 주변에서 약간 멘토링 해주면 스스로 잘할 수 있다.

코딩 언어는 도구일 뿐이다. 코딩에 사용되는 컴퓨터 언어만 200개가 넘는다. 그중에 잘 사용되는 언어만 10개 이상이다. 게다가 기술이 발전하면서 새로운 코딩 언어도 개발되고 있다. 이런 언어들은 필요할 때 공부해서 사용하면 되는 도구일 뿐이다.

새로운 코딩 언어가 나올 때마다 코딩 문법을 외우느라 시간을 소모하는 것보다 세상의 문제에 함께 관심을 두고, 어떻게 풀어낼 수 있을까를 생각하고 행동하는 것이 훨씬 낫다.

가장 좋은 방법은 사회에 참여하고 문제를 발견하며, 관심사가 같은 사람들끼리 아이디어를 교환해 문제를 해결해 나가는 것이다. 그 과정을 가능한 공개하고 사람들과 공유하면 뜻밖에 문제 해결의 기회를 얻을 수 있고, 개발된 작품이 얼마나 가치가 있는지 알게 될 것이다.

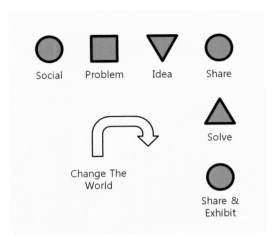

Social　Problem　Idea　Share

Solve

Change The
World

Share &
Exhibit

Coding!
Change The World
매커니즘

도구 **인디고고와 킥스타터**
- 아이디어만으로 회사를 만드는 크라우드 펀딩

인디고고(Indiegogo)는 2008년에 시작한 최초의 크라우드 펀딩 (crowdfunding) 플랫폼이다. 아디이어는 있는데, 작품을 만들 돈이 없거나 개발자가 필요할 때 크라우드 펀딩은 매우 유용한 방법이다. 이 방법은 미리 아이디어를 대중에게 소개하여 고객은 싼값에 제품을 사고, 회사는 아이디어만으로도 투자를 받을 수 있다. 인디고고는 좋은 아디이어만 있다면 누구나 투자를 받을 수 있다.

킥스타터(Kickstarter)는 2009년 시작된 크라우드 펀딩 서비스로 IT 제품, 소프트웨어, 하드웨어뿐 아니라 영화, 음악, 예술 등 다양한 분야를 아우르고 있다.

킥스타터 홈페이지
(www.kickstarter.com)

인디고고 홈페이지
(www.indiegogo.com)

아이디어로 투자받고 싶은 프로젝트를 공개하여, 기부를 받고, 일정액이 넘으면 투자를 유치할 수 있다. 투자자는 제품, 티셔츠, 공연 관람 등 다양한 형태의 서비스를 받을 수 있다.

크라우드 펀딩 플랫폼은 사람들의 큰 인기를 끌었다. 아이디어만 있었던 사람들이 자기 생각을 크라우드 펀딩으로 실현하기 시작했고, 수많은 개성 있는 작품들이 크라우드 펀딩으로 성공했다. 작게 시작했다가 큰 성공을 한 스타트업도 점차 많아졌다.

일론 머스크가 만든 전기자동차 제조사 테슬라는 제품 개발비를 이런 방식으로 투자받기도 하였다. 테슬라는 2016년, 아직 판매되지 않은 모델 3 자동차를 미리 주문받기로 하였다. 이때 고객으로부터 투자받은 금액은 무려 12조 원으로 첫 주에만 330,000대의 주문을 받았다.

이제 테슬라는 무인자율운행 자동차 기술을 발전시키고 있으며, 하이퍼루프 같은 첨단 교통 시스템이나 스페이스X처럼 우주산업에 투자하고 있다.

(Ko Tin-yau, 2016, Tesla uses 'crowdfunding' to finance production of Model 3, ejinsight)

세상을 변화시키는 코딩

세상의 문제를 작게나마 해결하고 싶다는 소망은 때때로 큰 변화를 만들어 내기도 한다. 우리가 사용하는 전기, 컴퓨터, 스마트폰은 세상을 크게 변화시켰다.

세상을 변화시키기 위한 제일 좋은 방법은 공유하고 알리는 것이다.

코딩은 세상을 변화시킬 수 있는 하나의 도구일 뿐이지만, 네트워크에 접속되어 있는 컴퓨터만 있으면 누구나 사용할 수 있어 제대로만 사용한다면 잠재력과 영향이 크다.

무엇을 코딩하기 전에 생각해 볼 것이 있다.

그 문제를 함께 공유해 봐

1. 세상에서 해결되지 않은 문제가 무엇일까?

2. 그 문제가 어떻게 생기는 거지?

3. 그 문제를 사람들과 함께 공유해 보자.

4. 개발한 작품을 세상에 노출하고
   전시해 보자.

문제를 해결하는 방법은 여러 가지가 될 수 있다. 그러므로 다양한 생각을 가진 사람들과 문제를 공유하고 대화하는 것이 좋다. 그럼 더 좋은 아이디어가 떠오를 수 있다. 이렇게 떠오르는 아이디어를 너무 하찮게 생각하지 말자. 그곳에서 세상을 좋게 변화하는 좋은 발명이 나올 수도 있다. 그 아이디어가 우리들의 삶을 바꾸어 놓을 수 있다.

코딩은 아이디어를 실현할 수 있는 좋은 도구이다. 코딩으로 함께 더 나은 세상으로 변화시킬 수 있기를 바란다.

사례 IFTF - 미래혁신을 위한 연구소

해외에는 세상에 발생할 문제를 연구하는 유명한 연구소들이 많다. IFTF(Institute For The Future)는 그중 하나이다. 우리는 미래 문제 연구소에서 발표한 자료를 통해 미래사회의 변화 모습을 예상하고, 무엇을 만들어야 좋을 지 힌트를 얻을 수 있다.

IFTF는 캘리포니아 팔로 알토에 기반을 두고 있는 도시 미래 혁신 연구 싱크탱크이다. IFTF는 독립적인 비영리 연구 기관이며, 1968년 RAND란 회

IFTF 연구소 (www.iftf.org)

사에서 분사된 조직이다. IFTF는 직업과 교육, 식량, 기술, 산업, 신기술 등 미래예측과 도시와 시민 삶의 질에 관련된 모든 부분에 대한 연구를 수행하며 관련 보고서를 출판한다.

이 연구소는 미래 예측을 위해 통계적 방법을 사용한다. 수학적 모델을 통한 사회 모델링을 시도하기도 한다. 이런 노력을 통해 미래 분석과 예측에서 세계적으로 좋은 평가를 받아왔

IFTF 미래 예측 보고서 (IFTF)

다. IFTF의 훌륭한 보고서는 기업과 국가의 미래 투자 계획에도 활용된다. IFTF는 연간 보고서인 Future Now를 발간한다. 최근 몇 년은 생명공학, 디지털 트랜스포메이션, 도시 지속 가능성, 스마트시티, 메이커 시티, 인간과 기계의 공생 관계에 대한 연구 내용을 공개하였다.

연구소는 다양한 지역 커뮤니티, 대학, 산업계 전문가 등 네트워크와 연결되어 있으며, 워크숍, 파트너십, 연구 내용 발간 및 언론 보도 등 다양한 활동을 하고 있다.

IFTF 네트워크 (IFTF)

① 유엔 SDG 카드

유엔에서 만들고 있는 행복한 지구촌 사회를 만들기 위한 목표인 지속가능개발목표(SDG; Sustainable Development Goals)는 전체 17가지의 목표로 구성되어 있다.

이 부록은 세상 이야기 속의 문제 중심 코딩을 위해, 유엔 SDG 카드를 제공한다. 이 카드는 SDG 이름, 설명 및 몇몇 대표적인 문제들이 정리되어 있다.

코딩을 기술적으로 배우면, 이후에는 무엇을 해야 하는지 막막할 것이다. 문제들이 무엇인지 생각해보고, 문제를 해결할 수 있는 아이디어를 떠올린 후 코딩하는 것이 중요하다. 이때 SDG 카드는 세상의 문제를 바라보는 데 도움을 줄 것이다.

SDG 문제 해결 카드

2 아빠 로봇 모자

언플러그드 코딩 교육 중 하나로 아빠의 노동력만 있으면 집에서도 쉽게 할 수 있는 효과만점 게임을 소개한다.

집에서 사용하지 않은 모자를 준비한다. 그리고 아래와 같이, 아빠 로봇의 위치와 방향을 조절 할 수 있는 카드를 준비해 놓는다.

카드를 모자 뒤에 붙이고, 아이가 아빠를 올라탄다. 처음에는 그 카드를 아이가 누르면 아빠 로봇이 움직이는 식으로 해 본다. 아이가 재미있어하면,

벽에 코딩 카드를 붙여 놓고 그 순서대로 아빠를 움직여 본다.

미션이 주어져야 하는데 예를 들어, 공부방에서 안방으로 아빠 로봇 움직이기 등이 될 수 있다.

한 번에 한 걸음만 가기, 회전 각도는 90도라는 식으로 제약 조건을 만들면 더 재미있다. 아빠는 코딩된 그대로 로봇처럼 행동해야 한다.

코딩을 잘못하면, 아빠 로봇이 벽에 계속 부딪힐 것이다. 이때, 비상 멈춤 (STOP) 버튼이 있으면 좋다.

이런 방식으로 아빠 로봇 햄버거 먹기, 엄마 로봇 요리하기 코딩 카드를 만들어 보자. 아이들이 정말 재미있어 할 것이다.

아빠 로봇 코딩 카드와 모자

코딩 섬 탐험 맵

이 부록은 코딩을 할 때 필요한 단계를 보여주는 그림이다. 이름하여 코딩 섬(Coding Island) 탐험 맵이라 지었다. 코딩을 처음 시작할 때 어떤 것을 하면 좋을지부터 코딩이 익숙하게 되면 시도해 볼 만한 것을 지도처럼 표시했다. 보물섬을 탐험하듯이 벽에 붙이고 사용해 보자.

코딩 섬 탐험 맵

참고자료

1. Sylvia Todd, 11-Year-Old Internet Science Sensation, Makes Her Dad's Geekiest Dreams Come True

2. Sylvia Show

3. An Interview with the Tween Maker

4. Is there a 13-year-old Extra Astonishing Anna or Alexia or Audrey out there in a school in Australia?

5. A Science Star Already, Tinkering With the Idea of Growing Up

6. Sabrina Aircraft Manufacturing

7. Sabrina Who Built a Plane

8. Sabrina 2006 Building Airplane

9. Wondering Where The Future of Aviation Is? Wonder No More! Meet Ms. Sabrina Gonzalez Pasterski

10. This Millennial Physics Genius Is Being Hailed As The Next Einstein

11. Zenith CH601XL Kit Aircraft

세상을 바꾸는 코딩